安徽省地方标准

普通公路养护预算
第二部分:定额

DB 34/T 3262.2—2018

人民交通出版社股份有限公司

北 京

图书在版编目(CIP)数据

普通公路养护预算. 第二部分, 定额: DB 34/T 3262.2—2018 / 安徽省公路管理服务中心主编. — 北京: 人民交通出版社股份有限公司, 2020.7
ISBN 978-7-114-16455-2

Ⅰ.①普… Ⅱ.①安… Ⅲ.①公路养护—预算定额 Ⅳ.①U418.2

中国版本图书馆 CIP 数据核字(2020)第 052522 号

Putong Gonglu Yanghu Yusuan　Di'er Bufen:Ding'e

标准名称:	普通公路养护预算　第二部分:定额
标准编号:	DB 34/T 3262.2—2018
主编单位:	安徽省公路管理服务中心
责任编辑:	牛家鸣　朱伟康
责任校对:	孙国靖　扈　婕
责任印制:	刘高彤
出版发行:	人民交通出版社股份有限公司
地　　址:	(100011)北京市朝阳区安定门外外馆斜街 3 号
网　　址:	http://www.ccpcl.com.cn
销售电话:	(010)59757973
总 经 销:	人民交通出版社股份有限公司发行部
经　　销:	各地新华书店
印　　刷:	北京市密东印刷有限公司
开　　本:	880×1230　1/32
印　　张:	9.75
字　　数:	300 千
版　　次:	2020 年 7 月　第 1 版
印　　次:	2020 年 7 月　第 1 次印刷
书　　号:	ISBN 978-7-114-16455-2
定　　价:	100.00 元

(有印刷、装订质量问题的图书,由本公司负责调换)

前　　言

　　为适应安徽省普通公路养护工程计划管理，规范养护工程计价行为，有效控制养护工程造价，促进养护管理科学化、规范化，根据安徽省质量技术监督局《2010年安徽省地方标准制修订项目立项计划（第一批）公告》要求，由安徽省公路管理局负责牵头制订《安徽省普通公路养护预算编制办法及定额》（以下简称"本标准"）。

　　本标准在安徽省交通运输厅发布的《安徽省普通公路养护预算编制办法及定额》《安徽省普通国省干线公路小修保养综合定额》基础上，参照中华人民共和国交通运输部发布的《公路养护工程预算编制导则》《公路工程基本建设项目概算预算编制办法》以及其他公路工程标准规范制订而成。

　　本标准包括两部分：《普通公路养护预算　第一部分：编制办法》包括总则、术语、养护预算费用组成、养护检查、日常养护、运行管理、养护工程，以及养护工程预算封面、目录及预算表格样式，养护工程预算项目表，设备与材料的划分标准；《普通公路养护预算　第二部分：定额》分上、下篇，上篇为公路养护工程预算定额，包括路基工程、路面工程、桥涵工程、隧道工程、安全设施、绿化及环境保护工程、材料运输、其他工程；下篇为公路养护检查及日常养护综合定额，以及人工、材料代号及人工、材料、半成品单位质量、损耗、基价表，养护工程机械台班费用定额表，普通公路日常养护工程作业内容表。

　　本标准由安徽省交通运输厅提出并归口。

　　本标准起草单位：安徽省公路管理服务中心

　　　　　　　　　　安徽华泰交通工程科技开发有限公司

　　　　　　　　　　合肥朴鑫工程咨询有限公司

　　　　　　　　　　合肥公路建设（集团）有限责任公司

宿州市经纬公路设计有限公司

本标准主要起草人:胡文友、叶友胜、曾保军、田雷、汪波、徐建东、王旭、范月光、丁中才、杨杰、熊永春。

本标准于 2018 年 12 月 29 日首次发布,执行时请各有关单位在实践中注意总结经验,并将发现的问题和意见及时函告本标准主编单位——安徽省公路管理服务中心(地址:合肥市屯溪路 528 号;联系人:养护处;电话:0551-63623523;邮箱:49149449@qq.com),以便修订时参考。

总 说 明

一、《普通公路养护预算 第二部分:定额》(以下简称"本定额")是安徽省公路养护专业定额,它是编制养护预算的依据。

二、本定额适用于安徽省境内普通公路的养护检查、日常养护、运行管理以及养护工程。公路新建工程应按照《普通公路养护预算 第一部分:编制办法》中有关规定执行,在编制预算过程中还应严格遵循交通运输部颁有关造价管理办法。

三、本定额是以人工、材料、机械台班消耗量表现的工程预算定额。编制预算时,其人工费、材料费、机械使用费按《普通公路养护预算 第一部分:编制办法》的规定计算。

四、本定额包括路基工程、路面工程、桥涵工程、隧道工程、安全设施、绿化工程及环境保护、材料运输、其他工程等内容。

五、本定额是按照合理的施工组织和一般正常的施工条件编制的。定额中所采用的施工方法和工程质量标准,是根据国家现行的公路养护施工技术规范及公路养护质量检查评定标准及安全操作规程取定的,除定额中规定允许换算者外,均不得因具体工程的施工组织、操作方法或材料消耗与定额的规定不同而变更定额。

六、本定额除隧道工作每工日七小时外,其余均按每工日八小时计算。

七、本定额中的工程内容,均包括定额项目的全部施工过程。定额内除扼要说明施工的主要操作工序外,均包括准备与结束、场内操作范围内的材料运输、辅助和零星用工、工具及机械小修、场地清理等工程内容。

八、本定额中的材料消耗系按现行材料标准的合格料和标准规格料计算的。定额内材料、成品、半成品均已包括场内运输及操作损耗,编制预算时,不得另行增加。其场外运输损耗、仓库保管损耗以及由于材料供应规格和质量不符合定额规定而发生的加工损耗,应在材料预算价格内考虑。

九、本定额中周转性的材料、模板、支撑、脚手杆、脚手板和挡土板等的数量,已考虑了材料的正常周转次数并计入定额内。其中就地浇筑钢筋混凝土梁用的支架及拱圈用的拱盔、支架,如确因施工安排达不到规定的周转次数时,可根据具体情况进行换算并按规定计算回收,其余工程一般不予调整。

十、本定额中各项目的施工机械种类、规格是按一般合理的施工组织确定的。如施工中实际采用机械的种类、规格与定额规定的不同时,一律不得换算。

十一、本定额中只列工程所需的主要材料用量和主要机械台班数量。对于次要、零星材料和小型施工机具均未一一列出,而是分别列入"其他材料费"及"小型机具使用费"内,以元表示,编制预算即按此计算。

十二、本定额表中注明"某某数以下"者,均包括某某数本身;而注明"某某数以外"或"某某数以上"者,则不包括某某数本身。定额内数量带"( )"者,则表示基价中未包括其价值。

十三、本定额人工、材料代号按照附录A取定;机械代号按照附录B取定。"工料机代号"系编制预算采用计算机计算时作为对工、料、机名称识别的符号,不应随意变动。

十四、定额在各子目注释的"按某某定额计算",系指应按照本定额、《公路工程预算定额》(JTG/T 3832—2018)对应的"某某"项目计算;"按有关定额计算"系指按照本定额、《公路工程预算定额》(JTG/T 3832—2018)的有关章节的相应定额项目计算。

十五、本定额由安徽省交通运输厅负责管理,执行中如有意见或建议,请及时函告,以便修订时参考。

目　　录

上篇　公路养护工程预算定额

第一章　路基工程 ·· 3
说明 ··· 3
   1－1　清理杂草 ·· 5
   1－2　清理风化碎石 ·· 6
   1－3　清除塌方 ·· 7
   1－4　人工挖运土方 ·· 8
   1－5　机械挖运土、石方 ·· 9
   1－6　开挖清理边沟、截水沟、排水沟 ··· 11
   1－7　局部铺砌边沟、截水沟、排水沟 ··· 12
   1－8　整修路肩 ··· 13
   1－9　挖除旧路肩 ·· 14
   1－10　铺筑路肩 ··· 15
   1－11　路基压浆 ··· 16
   1－12　冲击碾压路基 ··· 17
   1－13　路基翻浆处理 ··· 18

1-14	路基盲沟	20
1-15	边坡柔性防护网	21
1-16	柔性缆索护栏	24
1-17	拆除砌体工程	26
1-18	修补挡土墙、护坡	27
1-19	疏通挡土墙泄水孔	30
1-20	修补护肩墙	31
1-21	整修边坡	33
1-22	高边坡处治	34

第二章 路面工程 ································ 40
说明 ·· 40

2-1	除雪、撒防滑料	42
2-2	路面清扫	43
2-3	汽车洒水	44
2-4	挖除水泥路面面层	45
2-5	水泥路面多锤头碎石化	46
2-6	刨除旧沥青路面面层	47
2-7	人工挖除路面基层	48
2-8	机械刨除路面基层	49
2-9	水泥稳定类基层修补	50
2-10	石灰稳定类基层修补	51

2-11	修补沥青路面坑槽	53
2-12	沥青路面拥包处治	56
2-13	维修沥青路面麻面、松散	57
2-14	沥青路面罩面	58
2-15	维修沥青路面泛油	60
2-16	沥青路面车辙处治	61
2-17	处理路面搓板	62
2-18	修补稳定磨耗层	63
2-19	沥青路面裂缝处治	65
2-20	沥青路面磨光	67
2-21	沥青路面封层	68
2-22	沥青同步碎石封层	69
2-23	修补沥青路面啃边	70
2-24	沥青路面超薄磨耗层	71
2-25	沥青路面雾封	73
2-26	沥青路面微表处	74
2-27	沥青厂拌热再生拌和	76
2-28	乳化沥青厂拌冷再生	78
2-29	沥青路面就地复拌热再生	80
2-30	沥青路面就地冷再生	81
2-31	水泥路面错台处理	83

编号	名称	页码
2-32	水泥路面修补坑洞及裂缝处理	85
2-33	水泥路面拱起（板端切割）	86
2-34	水泥路面压浆	87
2-35	水泥路面铺筑	88
2-36	水泥路面纵横缝修补	90
2-37	水泥路面刻纹、薄层表处	91
2-38	水泥就地再生	92
2-39	修补级配碎石路面	93
2-40	路缘石、路肩石维修与更换	94
2-41	中央分隔带加固	96
第三章	桥涵工程	98
说明		98
3-1	桥面伸缩缝更换	99
3-2	疏通桥面泄水孔	102
3-3	桥面铺装层维修	103
3-4	T形梁体外预应力加固	105
3-5	桥梁上部结构表层缺陷清除	106
3-6	封闭桥梁上部结构裂缝	107
3-7	桥梁主体结构表层缺陷修补	111
3-8	桥梁顶升	116
3-9	支座更换	117

3-10	维护桥梁支座	118
3-11	修理加固桥墩、桥台	119
3-12	修补浆砌墩台、基础表面	120
3-13	水泥砂浆勾缝及抹面	121
3-14	整修锥形体护坡	122
3-15	人行道、栏杆扶手维修	123
3-16	桥梁钢结构除锈	126
3-17	桥梁钢结构油漆	127
3-18	混凝土栏杆刷漆	128
3-19	桥栏杆照明灯更换	129
3-20	锚喷混凝土及灌浆加固	130
3-21	粘贴钢板加固	132
3-22	外包混凝土加固	133
3-23	粘贴碳纤维布加固	135
3-24	化学灌浆修补较大裂缝	136
3-25	桥头搭板更换	137
3-26	钻孔植筋(锚栓)	139
3-27	搭拆脚手架、踏步	143
3-28	涵洞盖板更换	145
3-29	清理涵洞(管)河道	147
3-30	涵洞修补	148

| 3–31 | 圆管涵更换 | 150 |

第四章 隧道工程 …… 152
说明 …… 152

4–1	经常检查	154
4–2	地面清扫	155
4–3	边墙清洗	156
4–4	边沟清理	157
4–5	清洗隧道洞门墙、侧墙	158
4–6	斜井、风道清扫	159
4–7	清除洞口边、仰坡浮土及危石	160
4–8	清洗标志、标线	161
4–9	清理隧道排水沟、检查井	162
4–10	更换井盖	163
4–11	清理纵向排水沟及沉砂井	164
4–12	人行道(检修道)侧壁及盖板修复	165
4–13	截、排水沟清淤	167
4–14	修复洞门墙及边、仰坡护坡	168
4–15	衬砌表层起层、剥离处治	171
4–16	隧道衬砌空洞处理	172
4–17	拱墙钻孔	174
4–18	凿除混凝土及瓷砖	175

4－19	隧道衬砌	176
4－20	隧道衬砌裂缝封堵	178
4－21	衬砌表面腐蚀处理	180
4－22	围岩破碎和危石处理	182
4－23	隧道渗、漏水处治	183
4－24	隧道涂装	184
4－25	衬砌变形、开裂处理	186
4－26	隧道通风设备的维修与更换	188
4－27	隧道照明灯具更换	189

第五章　安全设施 ……………………………………………………………… 190

说明 ……………………………………………………………………………… 190

5－1	路面标线修复	192
5－2	振荡减速标线	193
5－3	波形钢板护栏更换、校正	194
5－4	钢筋混凝土柱式护栏更换	195
5－5	钢筋混凝土柱式护栏涂漆	196
5－6	维修石砌墙式护栏	197
5－7	分隔带防眩板更换	198
5－8	预制、安装里程碑、百米桩、界桩	199
5－9	里程碑、百米桩刷漆	201
5－10	路缘石修复	202

5-11	隔离栅修复	203
5-12	轮廓标	207
5-13	金属标志牌	209
5-14	公路标志牌喷漆	214
5-15	拆除标志标牌	215
5-16	弯道反光镜更换	216
5-17	补齐反光帽	217
5-18	养护作业安全设施布置	218
5-19	人工清洗交通安全设施	219
5-20	油漆、刷白、粘贴反光膜	220
5-21	道路施工(养护)安全设施设置	221
第六章	**绿化工程及环境保护**	**222**
	说明	222
6-1	补植	223
6-2	树干刷白	229
6-3	行道树、绿地浇水	230
6-4	除草、松土和施肥	231
6-5	防治病虫害	232
6-6	修建及割草	233
6-7	树木支撑、防护	234
6-8	砍伐树木	235

第七章　材料运输 ··· 236
　　说明 ··· 236
　7－1　人工挑(抬)运输 ··· 237
　7－2　手推车运输 ··· 239
　7－3　机动翻斗车运输(人工装) ··· 241
　7－4　手扶拖拉机运输(人工装卸) ··· 242
　7－5　载货汽车运输(人工装卸) ··· 243
　7－6　自卸汽车运输(装载机装) ··· 244
　7－7　人工装机动翻斗车、手扶拖拉机 ··· 246
　7－8　人工卸手扶拖拉机 ··· 247
　7－9　人工装卸汽车 ··· 248
　7－10　$1m^3$ 以内轮胎式装载机装汽车 ······································· 249
　7－11　$2m^3$ 以内轮胎式装载机装汽车 ······································· 250

第八章　其他工程 ··· 251
　　说明 ··· 251
　8－1　公路巡查 ··· 252
　8－2　公路桥涵检查 ··· 253
　8－3　公路交通安全维护 ··· 254

下篇 公路养护检查及日常养护综合定额

附录 A 人工、材料代号及人工、材料、半成品单位质量、损耗、基价表 ········ 263
附录 B 养护工程机械台班费用定额表 ········ 279
附录 C 普通公路日常养护工程作业内容表 ········ 292

上篇　公路养护工程预算定额

第一章 路基工程

说 明

(1)本定额按开挖难易程度将土壤岩石分为六类。
土壤分为三类:松土、普通土、硬土。
岩石分为三类:软石、次坚石、坚石。
本定额土、石分类与十六级土、石分类对照表如下:

本定额分类	松土	普通土	硬土	软石	次坚石	坚石
十六级分类	Ⅰ~Ⅱ	Ⅲ	Ⅳ	Ⅴ~Ⅵ	Ⅶ~Ⅸ	Ⅹ~ⅩⅥ

(2)除定额中另有说明外,土方挖方按天然密实体积计算,填方按压(夯)实后的体积计算,石方爆破按天然密实体积计算。当以填方压实体积为工程量,采用以天然密实方为计量单位的定额时,所采用的定额应乘以下表中的系数:

公 路 等 级	土 类			
	土方			石方
	松土	普通土	硬土	
二级及二级以上等级公路	1.23	1.16	1.09	0.92
三级、四级公路	1.11	1.05	1.00	0.84

人工挖运土方的增运定额和机动翻斗车、手扶拖拉机、自卸汽车运输土方的运输定额。"普通土"一栏的系数适用于推土机施工土方的增运定额。在上表系数的基础上增加0.03的运输损耗,但弃方运输不应运输损耗。

(3)人工挖运土方若遇到升降坡时,除按水平距离计算运距外,并按下表增加运距:

升降坡度	高 度 差	
	每升高1m	每降低1m
0%~5%	15m	不增加
6%~10%		5m
10%以上	25m	8m

(4)边坡防护、边沟、挡土墙维修等项目中,原有的片石、块石等材料如可以利用,在编制预算时应扣除利用数量,其他材料的定额数量不变。

(5)高边坡处治中锚喷定额中脚手架的搭拆费用,编制预算时,按照相关定额另行计算。

(6)路基翻浆处理定额中已按砂垫层、隔离层和开挖回填子目编制,使用时应按工程量分别计算。

(7)定额工程内容除注明者外,均包括:①各种机械1km内由停车场至工作地点的往返空驶;②工具小修;③钢钎淬火。

1-1 清理杂草

工程内容 1)铲草;2)割草;3)现场清理。

单位:100m²

序号	项目	单位	代号	铲草	割草	
					人工	机械
				1	2	3
1	人工	工日	1001001	1.9	1.0	0.2
2	打(割)草机	台班	8026021	—	—	0.10
3	基价	元	9999001	201	106	37

1-2 清理风化碎石

工程内容 人工清理:1)人工开炸;2)人工装、运、卸;3)空回,运距20m。
机械清理:1)人工开炸;2)装载机装;3)自卸汽车运1km以内。

单位:100m³

序号	项目	单位	代号	人工清理			机械清理	
				开炸(孤石)	不开炸	风化软石	开炸(孤石)	不开炸
				1	2	3	4	5
1	人工	工日	1001001	76.7	48.5	31.7	29.6	1.9
2	钢钎	kg	2009002	5	—	—	5	—
3	硝铵炸药	kg	5005002	38	—	—	30	—
4	导火线	m	5005003	85	—	—	75	—
5	普通雷管	个	5005006	65	—	—	60	—
6	煤	t	3005001	0.03	—	—	0.03	—
7	5t以内自卸汽车	台班	8007012	—	—	—	2.1	2.1
8	1m³以内装载机	台班	8001045	—	—	—	1.3	1.3
9	小型机具使用费	元	8099001	12.1	2	1.5	6.3	—
10	基价	元	9999001	8853	5122	3348	5783	2236

1-3 清除塌方

工程内容 1)人工或机械装、运(20m以内)、卸;2)空回;3)场地清理。

单位:100m³

序号	项目	单位	代号	人工清运			装载机清运					
				土方	石方	土夹石	土方			石方		
							装载机斗容量(m³)					
							1以内	2以内	3以内	1以内	2以内	3以内
				1	2	3	4	5	6	7	8	9
1	人工	工日	1001001	21.2	42.9	32.0	0.6	0.6	0.6	1	1	1
2	1m³以内轮式装载机	台班	8001045	—	—	—	0.34	—	—	0.52	—	—
3	2m³以内轮式装载机	台班	8001047	—	—	—	—	0.22	—	—	0.37	—
4	3m³以内轮式装载机	台班	8001049	—	—	—	—	—	0.17	—	—	0.33
5	基价	元	9999001	2238	4529	3378	258	275	271	404	462	509

注:1.人工清运,运距超过20m时,按人工挖土方增运定额计算。
2.机械清运,如需远运,采用相关定额计算。
3.塌方中有需要开炸的石方或孤石,采用相关定额计算。
4.一次性清除塌方量小于20 m³(含20 m³),人工、机械台班消耗量×5。
5.一次性清除塌方量在20m³和50m³之间(含50 m³),人工、机械台班消耗量×3。
6.一次性清除塌方量在50m³和100m³之间(含100 m³),人工、机械台班消耗量×1.5。
7.一次性塌方值一次性出车清除塌方量,若有多处塌方,应按总量考虑。

1-4 人工挖运土方

工程内容 1)挖松;2)装土;3)运送;4)卸除;5)空回。

单位:100m³ 天然密实方

序号	项目	单位	代号	第一个20m挖运			每增运10m	
				松土	普通土	硬土	人工抬运	手推车
				1	2	3	4	5
1	人工	工日	1001001	18.7	27.3	38.9	3.9	1.2
2	基价	元	9999001	1974	2882	4106	412	127

注:1.运距超过20m时,增运以10m为单位,增运不分土质,平运空回,若运输道路有升降坡度时,按规定折算水平距离。
2.当采用人工挖、装、机动翻斗车运输时,其挖、装所需的人工按第一个20m减去3.0工日计算。
3.当采用人工挖、装、卸,手扶拖拉机运输时,其挖、装、卸所需的人工按第一个20m挖运定额计算。

1–5 机械挖运土、石方

工程内容 1)挖掘机挖装土方、石方;2)清理工作面;3)装载机装土方、石方;4)装车;5)调位;6)清理工作面。

单位:1000m³ 天然密实方

序号	项目	单位	代号	挖掘机斗容量 (0.6m³ 以内)			挖掘机斗容量 (1.0m³ 以内)			挖掘机斗容量 (2.0m³ 以内)		
				松土	普通土	硬土	松土	普通土	硬土	松土	普通土	硬土
				1	2	3	4	5	6	7	8	9
1	人工	工日	1001001	5	5	5	5	5	5	5	5	5
2	75kW 以内履带推土机	台班	8001002	0.82	0.92	1.03	0.5	0.66	0.73	0.42	0.45	0.48
3	0.6m³ 以内履带式液压单斗挖掘机	台班	8001025	3.0	3.57	4.08	—	—	—	—	—	—
4	1.0m³ 以内履带式液压单斗挖掘机	台班	8001027	—	—	—	2.05	2.35	2.66	—	—	—
5	2.0m³ 以内履带式液压单斗挖掘机	台班	8001030	—	—	—	—	—	—	1.21	1.35	1.49
6	基价	元	9999001	3708	4264	4779	3374	3866	4292	2682	2916	3149

注:土方不装车时乘以系数 0.87。

续前页

单位：1000m³ 天然密实方

序号	项目	单位	代号	装载机斗容量（土方）			装载机斗容量（软石）			装载机斗容量（次坚石、坚石）		
				1m³以内	2m³以内	3m³以内	1m³以内	2m³以内	3m³以内	1m³以内	2m³以内	3m³以内
				10	11	12	13	14	15	16	17	18
1	1m³以内轮式装载机	台班	8001045	2.79	—	—	4.4	—	—	5.41	—	—
2	2m³以内轮式装载机	台班	8001047	—	1.62	—	—	2.35	—	—	3.04	—
3	3m³以内轮式装载机	台班	8001049	—	—	1.29	—	—	1.91	—	—	2.32
4	基价	元	9999001	1599	1561	1577	2522	2264	2335	3101	2929	2836

1-6 开挖清理边沟、截水沟、排水沟

工程内容 开挖:1)放样、挂线;2)挖、修坡;3)20m内弃土。
清理:1)清除积物;2)修整;3)将杂物弃于边沟外。

单位:表列单位

序号	项目	单位	代号	开挖						清理	
				松土	普通土	硬土	软石	次坚石	坚石	土质	石质或浆砌
				100m³						1000m²	
				1	2	3	4	5	6	7	8
1	人工	工日	1001001	17.5	24.2	38.4	84.25	118.5	205.2	7.5	17.5
2	基价	元	9999001	1847	2555	4054	8893	12509	21661	792	1847

注:1. 如一次性开挖小于10m³,定额人工×1.5。
2. 如一次性开挖小于50m³,定额人工×1.2。
3. 如一次性开挖小于100m³,定额人工×1.1。

1-7 局部铺砌边沟、截水沟、排水沟

工程内容 1)清除破损部分;2)砌筑、勾缝、养生。

单位:10m³

序号	项目	单位	代号	边沟、排水沟、截水沟		
				浆砌片石	浆砌混凝土预制块	砖砌
				1	2	3
1	人工	工日	1001001	24.5	21.9	19.9
2	M5 水泥砂浆	m³	1501001	(3.5)	—	(2.4)
3	M7.5 水泥砂浆	m³	1501002	—	(1.3)	—
4	M10 水泥砂浆	m³	1501003	(0.33)	(0.14)	—
5	32.5 级水泥	t	5509001	0.866	0.389	0.523
6	水	m³	3005004	13	16	4
7	青(红)砖	千块	5507003	—	—	5.31
8	中(粗)砂	m³	5503005	4.273	1.6	2.71
9	片石	m³	5505005	11.5	—	—
10	其他材料费	元	7801001	2.8	8.4	4.3
11	基价	元	9999001	5656	2889	5428

注:一次性铺砌小于5m³(包括5m³),人工×1.3。

1-8 整修路肩

工程内容 平整土路肩:1)清理杂草;2)铲高填低;3)平整夯实。
平整砂石路肩:1)翻挖损坏部分;2)铺筑碾压;3)整理、场内运输;4)清理场地。

单位:100m²

序号	项目	单位	代号	平整土路肩(平均厚度5cm以内)	平整砂石路肩(平均厚度5cm以内)
				1	2
1	人工	工日	1001001	1.7	2.1
2	小型机具使用费	元	8099001	10	10
3	基价	元	9999001	189	232

注:手扶振动碾压机等机械已经包含在小型机具使用费中。

1-9 挖除旧路肩

工程内容 1)人工开挖、翻撬或机械推除、刨除;2)废料清除至路基外;3)场地清理、平整。

单位:10m³

序号	项目	单位	代号	土路肩	碎石路肩	石灰稳定路肩	水泥混凝土路肩
				1	2	3	4
1	人工	工日	1001001	4.2	7.4	7.0	10.3
2	小型机具使用费	元	8099001	—	—	5.9	8.8
3	基价	元	9999001	443	781	745	1096

注:废料如需弃运,按相关定额计算。

1–10 铺筑路肩

工程内容　土路肩:培肩、压实或夯实(不含取土)。
　　　　　　石灰、水泥稳定路肩:1)清理下承层;2)混合料拌和、20m 以内运输;3)铺料、整形;4)碾压或夯实、找补;5)初期养护。
　　　　　　片石混凝土路肩:1)放样;2)挖槽、修整;3)混凝土配合运料、拌和、运输;4)铺筑及养生。

单位:100m²

序号	项目	单位	代号	土路肩 压实厚度 10cm	土路肩 每增减 1cm	石灰稳定路肩 压实厚度 10cm	石灰稳定路肩 每增减 1cm	水泥稳定土路肩 压实厚度 10cm	水泥稳定土路肩 每增减 1cm	片石混凝土路肩 压实厚度 10cm	片石混凝土路肩 每增减 1cm
				1	2	3	4	5	6	7	8
1	人工	工日	1001001	3.5	0.4	6.4	0.6	5.3	0.8	10.2	1.1
2	32.5 级水泥	t	5509001	—	—	—	—	1.785	0.179	2.402	0.24
3	水	m³	3005004	—	—	3	—	4	—	12	—
4	熟石灰	t	5503003	—	—	1.704	0.17	—	—	—	—
5	土	m³	5501002	13	1.3	13.67	0.137	14.24	1.42	—	—
6	中(粗)砂	m³	5503005	—	—	—	—	—	—	4.51	0.451
7	片石	m³	5505005	—	—	—	—	—	—	2.19	0.219
8	碎石	m³	5505016	—	—	—	—	—	—	7.8	0.078
9	200~620N·m 蛙式夯土机	台班	8001095	0.6	—	0.8	—	0.8	—	—	—
10	基价	元	9999001	452	49	1253	111	1267	151	4875	347

1-11 路基压浆

工程内容 钻孔:1)放线定位;2)钻机就位、钻孔、移位;3)插压浆管;4)场地清理。
压浆:1)人工运料;2)制浆、压浆;3)封孔、孔位转移;4)场地清理。

单位:表列单位

序号	项目	单位	代号	钻孔 土路基	钻孔 填石路基	压浆 水泥浆	压浆 水泥砂浆
				10m	10m	10m³	10m³
				1	2	3	4
1	人工	工日	1001001	1.5	2.8	9.8	10.8
2	水泥浆(32.5)	m³	1501021	—	—	(10.2)	—
3	M25水泥砂浆	m³	1501007	—	—	—	(10.2)
4	φ150mm以内合金钻头	个	2009005	0.1	0.15	—	—
5	32.5级水泥	t	5509001	—	—	8.167	5.375
6	水	m³	3005004	—	—	10	9
7	中(粗)砂	m³	5503005	—	—	—	10.4
8	其他材料费	元	7801001	54.9	63.4	10	10
9	200L以内灰浆搅拌机	台班	8005009	—	—	1.36	1.36
10	4t以内载货汽车	台班	8007003	0.12	0.12	0.19	0.22
11	9m³/min以内机动空气压缩机	台班	8017049	0.34	0.4	—	—
12	高压注浆泵	台班	8011074	—	—	1.36	1.36
13	75~150mm工程勘察锚杆钻机	台班	8026043	0.29	0.4	—	—
14	基价	元	9999001	533	729	4407	5943

1-12 冲击碾压路基

工程内容 1)整理原地面;2)冲击碾压;3)清除表土;4)压路机碾压;5)路基验收。

单位:1000m²

序号	项目	单位	代号	冲击碾压	
				20遍	每增减1遍
				1	2
1	人工	工日	1001001	1.000	—
2	75kW以内履带式推土机	台班	8001002	0.08	—
3	120kW以内自行式平地机	台班	8001058	0.160	0.009
4	25kJ冲击式压路机	台班	8001093	0.750	0.040
5	基价	元	9999001	2723	136

注:定额中未包含洒水费用,按相关定额另计洒水费用。

1-13 路基翻浆处理

工程内容 1)开挖;2)清运翻浆土;3)回填;4)分层夯实;5)做隔离层。

单位:表列单位

序号	项目	单位	代号	砂砾垫层 10m³ 1	隔离层 10m² 2
1	人工	工日	1001001	5.39	1.00
2	油毛毡	m²	5009012	—	12.00
3	砂砾	m³	5503007	13.00	—
4	小型工具使用费	元	8099001	30.00	20.00
5	基价	元	9999001	2656	165

续前页

单位:表列单位

序号	项目	单位	代号	换土 10m³	换填碎石料 10m³	打石灰桩(φ10cm) 100延米
				3	4	5
1	人工	工日	1001001	4.2	4.2	5.3
2	土工布	m²	5007001	1.08	1.08	—
3	熟石灰	t	5503003	—	—	0.61
4	土	m³	5501002	12	—	—
5	碎石	m³	5505016	—	11.5	—
6	基价	元	9999001	507	2792	728

注:可再利用的土、土工布、碎石,应扣减其相应材料数量。

1-14 路基盲沟

工程内容 1)挖槽;2)铺土工布;3)填料及夯实;4)废土、废料运至路基外。

单位:10m

序号	项目	单位	代号	碎石料盲沟			
				断面尺寸(cm×cm)			
				20×30	40×40	80×100	80×150
				1	2	3	4
1	人工	工日	1001001	1.1	2.6	11.5	16.5
2	土工布	m²	5007001	10.7	16.8	—	—
3	黏土	m³	5501003	—	—	2.67	2.67
4	砾石(2cm)	m³	5505001	—	—	5.71	9.07
5	碎石(4cm)	m³	5505013	0.70	—	—	—
6	碎石(6cm)	m³	5505014	—	1.88	—	—
7	草皮	m²	4013002	—	—	8.80	8.80
8	其他材料费	元	7801001	—	—	—	188.8
9	基价	元	9999001	296	717	2249	3524

1-15 边坡柔性防护网

工程内容 主动防护网:1)清理坡面、测量放样;2)安装纵横支撑绳;3)铺挂格栅网、铺设钢丝绳网并缝合;4)清场。
被动防护基座混凝土:基座混凝土的全部工程内容。
被动防护网:1)清理坡面、测量放样;2)安装钢柱及拉锚绳;3)上、下支撑绳安装;4)钢丝网安装;5)格栅网铺挂;6)清场。
钻孔机压浆:定位、钻孔、浆液制作、压浆。
锚杆:制作、安装、锚固、锚头处理。

单位:表列单位

序号	项目	单位	代号	边坡柔性防护网					
				主动防护网	被动防护基座混凝土	被动防护网	钻孔及压浆	锚杆制作、安装
				100m²	10m³	100m²	100m	1t
				1	2	3	4	5
1	人工	工日	1001001	20.2	11.2	14.2	24.3	15.2
2	C20 水泥混凝土	m³	1526091	—	(10.20)	—	—	—
3	C25 水泥混凝土	m³	1526092	—	—	—	—	(0.18)
4	M30 水泥砂浆	m³	1501008	—	—	—	(0.13)	—
5	原木	m³	4003001	—	—	—	0.084	—
6	钢绳网	m²	2001029	81.6	—	102	—	—
7	格栅网	m²	2001028	81.6	—	102	—	—
8	φ16 纵横向支撑绳(镀锌)	m	2026032	71.8	—	68.3	—	—

续前页 单位：表列单位

序号	项 目	单位	代号	边坡柔性防护网				
				主动防护网	被动防护基座混凝土	被动防护网	钻孔及压浆	锚杆制作、安装
				100m²	10m³	100m²	100m	1t
				1	2	3	4	5
9	φ8 缝合绳	m	2026033	147.6	—	—	—	—
10	镀锌钢板	t	2003012	—	—	0.25	—	—
11	镀锌螺栓	kg	2009014	—	—	122.4	—	—
12	HRB400 钢筋	t	2001002	—	—	—	—	1.025
13	钢板	t	2003005	—	—	—	—	0.034
14	电焊条	kg	2009011	—	—	—	—	2.9
15	型钢	t	2003004	—	—	0.218	—	—
16	组合钢模板	t	2003026	—	0.029	—	—	—
17	铁件	kg	2009028	—	8.8	—	12.6	—
18	32.5 级水泥	t	5509001	—	2.876	—	0.796	0.06
19	水	m³	3005004	—	8	—	4	1
20	中(粗)砂	m³	5503005	—	5.51	—	1.29	0.09
21	碎石(4cm)	m³	5505013	—	—	—	—	0.15
22	碎石(8cm)	m³	5505015	—	8.36	—	—	—

续前页
单位：表列单位

序号	项目	单位	代号	边坡柔性防护网				
				主动防护网	被动防护基座混凝土	被动防护网	钻孔及压浆	锚杆制作、安装
				100m²	10m³	100m²	100m	1t
				1	2	3	4	5
23	其他材料费	元	7801001	86.4	33.6	28.2	161.6	36.3
24	孔径38～105mm液压锚固钻机	台班	8001115	—	—	—	8.5	—
25	500L以内强制式混凝土搅拌机	台班	8005004	—	0.28	—	—	—
26	5t以内载货汽车	台班	8007004	0.59	—	0.74	—	—
27	12t以内汽车式起重机	台班	8009027	—	—	—	1.35	—
28	30kN以内单筒慢动电动卷扬机	台班	8009080	—	—	—	—	0.16
29	32kV·A交流电弧焊机	台班	8015028	—	—	—	—	0.36
30	9m³/min以内机动空气压缩机	台班	8017049	—	—	—	2.11	—
31	小型机具使用费	元	8099001	28.5	13.5	22.5	235.5	7.5
32	基价	元	9999001	8205	5432	5849	11364	6231

注：1. 定额中主动防护网面积按坡面面积编制，定额单位的面积包括网面的连续面积。
    2. 被动防护网定额单位为网面面积。
    3. 被动防护基座混凝土定额包括基座预埋件安装费用，但未包括基座预埋成品件费用。

1-16 柔性缆索护栏

工程内容 1)基础混凝土工作的全部工序;2)立柱及托架制作、运输;3)立柱埋入及打入;4)缆索运输及安装。

单位:1t

序号	项目	单位	代号	柔性缆索护栏					
				拆除		钢管立柱		型钢立柱	缆索
				缆索	立柱	埋入	打入		
				1	2	3	4	5	6
1	人工	工日	1001001	1.8	7.0	23.9	14.3	3.6	4.6
2	HRB400钢筋	t	2001002	—	—	—	0.018	—	—
3	镀锌钢板	t	2003012	—	—	0.003	0.015	—	—
4	电焊条	kg	2009011	—	—	8.1	5.7	—	—
5	镀锌螺栓	kg	2009014	—	—	172.6	43.5	—	—
6	镀锌法兰	kg	2009018	—	—	633.4	—	—	—
7	型钢立柱	t	2003016	—	—	—	—	1.000	—
8	缆索钢丝绳	t	2026034	—	—	—	—	—	1.025
9	镀锌钢管立柱	t	2026035	—	—	1.000	1.000	—	—
10	镀锌托架	kg	2026036	—	—	—	259.2	—	—
11	其他材料费	元	7801001	2.1	18.9	3.1	5.6	—	—
12	油泵、千斤顶各1钢绞线拉伸设备	台班	8005078	0.18	—	—	—	—	0.20

续前页 单位：1

序号	项目	单位	代号	柔性缆索护栏					
				拆除		钢管立柱		型钢立柱	缆索
				缆索	立柱	埋入	打入		
				1	2	3	4	5	6
13	4t以内载货汽车	台班	8007003	0.30	1.17	3.98	2.38	0.60	0.77
14	32kV·A交流电弧焊机	台班	8015028	—	—	0.32	0.68	—	—
15	小型机具使用费	元	8099001	2.6	23.6	167.3	255.1	—	—
16	基价	元	9999001	369	1370	19686	8086	5242	3974

注：1. 钢管立柱、型钢立柱、托架、法兰、螺栓均按成品进行编制；各构件及连接件、紧固件均已考虑镀锌防腐处理费用。
2. 钢管立柱定额中已将镀锌钢板、镀锌螺栓、镀锌法兰及镀锌钢管进行了综合，材料构成比重不同时可进行调整。

1−17 拆除砌体工程

工程内容 1)撬除圬工;2)清理现场。

单位:10m³

序号	项目	单位	代号	干砌圬工		浆砌圬工
				片石	块石(料石)	片石
				1	2	3
1	人工	工日	1001001	6.2	10.2	8.19
2	其他材料费	元	7801001	—	—	1.4
3	基价	元	9999001	654	1077	866

1-18 修补挡土墙、护坡

工程内容 修补裂缝:1)剔缝;2)清除杂物;3)修补;4)清理。
修补挡墙:1)清除破损部分;2)处理结合面;3)拌运砂浆;4)搭拆脚手架;5)砌筑勾缝;6)养生。

单位:100m

序号	项目	单位	代号	修补裂缝	
				环氧树脂	水泥砂浆
				1	2
1	人工	工日	1001001	12.2	10.6
2	环氧树脂	kg	5009009	10.400	—
3	固化剂	kg	5026014	4.240	—
4	丙酮	kg	5009023	2.700	—
5	M10 水泥砂浆	m³	1501003	—	(0.40)
6	32.5 级水泥	t	5509001	—	0.122
7	水	m³	3005004	—	1
8	中(粗)砂	m³	5503005	0.43	0.44
9	其他材料费	元	7801001	1.5	1.5
10	基价	元	9999001	1630	1265

续前页

单位：10m³

序号	项目	单位	代号	干砌挡土墙		浆砌挡土墙			挡土墙	干砌护坡		浆砌护坡	
				片石	块石	片石	块石	料石	水泥混凝土	片石	块石	片石	块石
				3	4	5	6	7	8	9	10	11	12
1	人工	工日	1001001	20.8	19.5	22.28	23.49	26.4	19.14	15.8	16.2	19.4	20.6
2	M5 水泥砂浆	m³	1501001	—	—	(3.5)	(2.7)	—	—	—	—	(3.5)	(2.7)
3	M7.5 水泥砂浆	m³	1501002	—	—	—	—	(2)	—	—	—	—	—
4	M10 水泥砂浆	m³	1501003	—	—	(0.07)	(0.04)	(0.09)	—	—	—	(0.32)	(0.19)
5	C15 水泥混凝土	m³	1526090	—	—	—	—	—	(10.2)	—	—	—	—
6	原木	m³	4003001	0.025	0.025	0.03	0.03	0.03	—	—	—	—	—
7	锯材	m³	4003002	0.015	0.015	0.017	0.017	0.017	0.02	—	—	—	—
8	型钢	t	2003004	—	—	—	—	—	0.01	—	—	—	—
9	组合钢模板	kg	2003026	—	—	—	—	—	0.02	—	—	—	—
10	铁件	kg	2009028	—	—	—	—	—	9.4	—	—	—	—
11	铁钉	kg	2009030	0.1	0.1	0.1	0.1	0.1	—	—	—	—	—
12	8~12 号铁丝	kg	2001021	2.2	2.2	2.7	2.7	2.7	2.1	—	—	—	—
13	32.5 级水泥	t	5509001	—	—	0.76	0.583	0.55	2.601	—	—	0.836	0.777
14	水	m³	3005004	—	—	7	7	7	12	—	—	18	18
15	中(粗)砂	m³	5503005	—	—	4.03	3.1	2.322	5.304	—	—	4.31	3.146

续前页

单位：10m³

序号	项目	单位	代号	干砌挡土墙		浆砌挡土墙			挡土墙	干砌护坡		浆砌护坡	
				片石	块石	片石	块石	料石	水泥混凝土	片石	块石	片石	块石
				3	4	5	6	7	8	9	10	11	12
16	片石	m³	5505005	12.5	—	11.5	—	—	—	12.5	—	11.5	—
17	块石	m³	5505025	—	11.5	—	10.5	—	—	—	12.5	—	10.5
18	粗料石	m³	5505029	—	—	—	—	9	—	—	—	—	—
19	碎石(8cm)	m³	5505015	—	—	0.11	0.11	0.11	9.28	—	—	—	—
20	黏土	m³	5501003	—	—	0.18	0.18	0.18	—	—	—	—	—
21	其他材料费	元	7801001	—	—	4.2	2.8	2.8	20.4	—	—	1.6	1.6
22	250L以内强制式混凝土搅拌机	台	8005002	—	—	—	—	—	0.86	—	—	—	—
23	30kN以内单筒慢动电动卷扬机	台	8009080	—	—	—	—	—	0.58	—	—	—	—
24	小型机具使用费	元	8099001	2.77	2.97	3.33	2.5	10.65	10.65	—	—	—	—
25	基价	元	9999001	4197	3908	5443	5148	4166	6547	3572	3614	5139	4831

注：1. 挡土墙、护坡一次性修补小于5m³(含5m³)时，人工工日和机械台班消耗量×1.5。
　　2. 环氧树脂适用于裂缝宽2cm以下，水泥砂浆适用于裂缝宽2cm以上。

1-19 疏通挡土墙泄水孔

工程内容 1)清理杂物;2)疏通泄水孔;3)场地清理。

单位:10个

序号	项目	单位	代号	疏通泄水孔
				1
1	人工	工日	1001001	1.50
2	基价	元	9999001	158

1-20 修补护肩墙

工程内容 1)清除破损部分、挂线;2)选、修石料;3)搭拆脚手架;4)砌筑、养生。

单位:10m³

序号	项目	单位	代号	干砌		浆砌		现浇混凝土
				片石	块石	片石	块石	水泥混凝土
				1	2	3	4	5
1	人工	工日	1001001	14.30	14.60	18.50	18.00	29.7
2	M7.5水泥砂浆	m³	1501002	—	—	(3.500)	(2.700)	—
3	C15水泥混凝土	m³	1526090	—	—	—	—	(10.20)
4	锯材	m³	4003002	—	—	—	—	0.002
5	型钢	t	2003004	—	—	—	—	0.010
6	组合钢模板	kg	2003026	—	—	—	—	0.020
7	铁件	kg	2009028	—	—	—	—	9.400
8	8~12号铁丝	kg	2001021	—	—	—	—	2.100
9	32.5级水泥	t	5509001	—	—	0.931	0.718	2.601
10	水	m³	3005004	—	—	7.000	7.000	12.000
11	中(粗)砂	m³	5503005	—	—	3.890	3.000	5.304
12	片石	m³	5505005	12.5	—	11.500	—	—
13	块石	m³	5505025	—	11.500	—	10.500	—

续前页

单位：10m³

序号	项目	单位	代号	干砌		浆砌		现浇混凝土
				片石	块石	片石	块石	水泥混凝土
				1	2	3	4	5
14	碎石(8cm)	m³	5505015	—	—	—	—	9.282
15	其他材料费	元	7801001	—	—	0.90	0.90	20.50
16	250L以内强制式混凝土搅拌机	台	8005002	—	—	—	—	0.37
17	30kN以内单筒慢动电动卷扬机	台	8009080	—	—	—	—	0.58
18	小型机具使用费	元	8099001	—	—	—	—	14.90
19	基价	元	9999001	3414	3293	4927	4450	7543

1-21 整修边坡

工程内容 人工整修:1)挂线;2)整修;3)处理冲沟;4)填塞裂缝;5)拍实。
人工开炸边坡危石:1)选炮位、打眼、清眼、装药、填塞;2)安全警戒、引爆及检查结果;3)排险、撬落、解小、清运(20m以内)、卸石、空回;4)脚手架搭拆。

单位:100m³

序号	项目	单位	代号	人工整修		人工开挖边坡危石		
				填方边坡	挖方边坡	软石	次坚石	坚石
				1	2	3	4	5
1	人工	工日	1001001	2.60	1.78	50.80	68.38	91.78
2	钢钎	kg	2009002	—	—	2.400	4.000	5.000
3	硝铵炸药	kg	5005002	—	—	15.000	23.000	30.000
4	导火线	m	5005003	—	—	38.000	58.000	75.000
5	普通雷管	个	5005006	—	—	30.000	46.000	60.000
6	煤	t	3005001	—	—	0.019	0.023	0.030
7	其他材料费	元	7801001	—	—	0.90	1.40	1.80
8	基价	元	9999001	274	188	5675	7694	10307

1-22 高边坡处治

工程内容 钻孔:1)测量放样;2)准备钻具、就位;3)钻进;4)除渣;5)清孔。
锚杆:1)钢筋制作;2)运输;3)安装;4)灌浆。
挂网:1)钢筋或铁丝网制作;2)运输;3)安装。
喷射混凝土:1)混凝土配制;2)运输;3)喷射;4)养护。
地梁混凝土:1)放样;2)安拆模板;3)混凝土配制;4)运输;5)浇筑;6)养护。
地梁钢筋:1)钢筋制作;2)运输;3)安装;
脚手架:1)清理场地;2)材料场内运输;3)搭拆脚手架、铺设及移动工作跳板。

Ⅰ.钻 孔

单位:100m

序号	项目	单位	代号	钻孔(深3m以内)					钻孔(深5m以内)					钻孔(深10m以内)				
				孔径φ30mm以内	孔径φ50mm以内	孔径φ90mm以内	孔径φ110mm以内	孔径φ130mm以内	孔径φ30mm以内	孔径φ50mm以内	孔径φ90mm以内	孔径φ110mm以内	孔径φ130mm以内	孔径φ30mm以内	孔径φ50mm以内	孔径φ90mm以内	孔径φ110mm以内	孔径φ130mm以内
				1	2	3	4	5	6	7	8	9	10	11	12	13	14	15
1	人工	工日	1001001	25.3	27.9	33.5	33.9	34.65	25.9	28.5	31.8	36.3	40.7	28.8	30.5	33.9	40	46.1
2	8~12号铁丝	kg	2001021	63	60.9	60.9	54.6	54.6	60.9	60.9	60.9	60.9	60.9	58	55	55	55	55
3	其他材料费	元	7801001	45	48	55	55	55	45	48	55	58	60	55	58	65	65	70
4	φ1125mm以内潜水钻机	台班	8011041	2.14	2.5	2.52	2.76	3	2.22	2.57	2.62	2.91	3.2	2.25	2.6	2.62	2.91	3.2
5	9m³/min以内机动空气压缩机	台班	8017049	2.14	2.5	—	—	—	2.22	2.57	—	—	—	2.25	2.6	—	—	—
6	12m³/min以内机动空气压缩机	台班	8017050	—	—	2.52	2.76	3	—	—	2.62	2.91	3.2	—	—	2.7	2.96	3.23
7	基价	元	9999001	6523	7339	8203	8588	9060	6693	7479	8187	9140	10081	7032	7731	8436	9530	10638

续前页　　　　　　　　　　　　　　　　　　　　　　　　　　　　　　　　　　　单位:100m

序号	项目	单位	代号	钻孔(深15m以内)					钻孔(深20m以内)					钻孔(深20m以内)	
				孔径φ30mm以内	孔径φ50mm以内	孔径φ90mm以内	孔径φ110mm以内	孔径φ130mm以内	孔径φ30mm以内	孔径φ50mm以内	孔径φ90mm以内	孔径φ110mm以内	孔径φ130mm以内	孔径φ130mm以内	孔径φ150mm以内
				16	17	18	19	20	21	22	23	24	25	26	27
1	人工	工日	1001001	29.7	30.5	35.8	40.95	46.1	31.7	32.5	35.5	40.8	46.1	46.1	55.3
2	8~12号铁丝	kg	2001021	58	55	55	55	55	58	55	55	55	55	55	55
3	其他材料费	元	7801001	55	58	65	65	70	55	58	65	65	70	75	78
4	φ1125mm以内潜水钻机	台班	8011041	2.3	2	2.75	3	3.25	2.45	2.2	2.82	3.07	3.31	3.45	3.95
5	9m³/min以内机动空气压缩机	台班	8017049	—	2	2.75	3	3.25	—	2.2	2.82	3.07	3.31	3.45	3.95
6	12m³/min以内机动空气压缩机	台班	8017050	2.3	2	—	—	—	2.45	2.2	—	—	—	—	—
7	17m³/min以内机动空气压缩机	台班	8017051	—	—	2.75	3	3.25	—	—	2.82	3.07	3.31	3.45	3.95
8	基价	元	9999001	7419	8401	11245	12421	13602	7875	9081	11390	12582	13754	14114	16353

Ⅱ. 锚杆、金属网

单位：t

序号	项 目	单位	代号	锚 杆	金 属 网	
					钢筋	铁丝
				28	29	30
1	人工	工日	1001001	26.70	23.17	19.76
2	1:1水泥砂浆	m³	1501012	(0.430)	—	—
3	HPB300钢筋	t	2001001	—	1.025	—
4	HRB400钢筋	t	2001002	1.025	—	—
5	电焊条	kg	2009011	4.000	13.300	—
6	8~12号铁丝	kg	2001021	—	—	0.700
7	20~22号铁丝	kg	2001022	—	0.900	1020
8	32.5级水泥	t	5509001	0.435	—	—
9	水	m³	3005004	69.300	—	—
10	中(粗)砂	m³	5503005	0.304	—	—
11	400L以内灰浆搅拌机	台班	8005010	0.053	—	—
12	风动灌浆机	台班	8005018	2.74	—	—
13	30kN以内单筒慢动电动卷扬机	台班	8009080	—	0.46	0.46
14	32kV·A交流电弧焊机	台班	8015028	0.79	2.62	—
15	10m³/min电动空气压缩机	台班	8017044	0.79	—	—
16	基价	元	9999001	8461	7111	10322

Ⅲ. 混 凝 土

单位:表列单位

序号	项目	单位	代号	喷射混凝土 m³ 31	现浇地梁 混凝土 m³ 32	现浇地梁 钢筋 t 33
1	人工	工日	1001001	33.70	35.15	20.44
2	C20 水泥混凝土	m³	1526091	(10.20)	—	—
3	C25 水泥混凝土	m³	1526092	—	(10.20)	—
4	锯材	m³	4003002	—	0.05	—
5	HPB300 钢筋	t	2001001	—	—	0.061
6	HRB400 钢筋	t	2001002	—	—	0.964
7	型钢	t	2003004	—	0.020	—
8	电焊条	kg	2009011	—	—	4
9	组合钢模板	t	2003026	—	0.050	—
10	铁件	kg	2009028	—	23	—
11	20~22 号铁丝	kg	2001022	—	—	4.6
12	32.5 级水泥	t	5509001	3.564	4.250	—
13	水	m³	3005004	18.660	15	—
14	中(粗)砂	m³	5503005	6	6	—
15	碎石(2cm)	m³	5505012	10.560	—	—

续前页 单位：表列单位

序号	项　目	单位	代号	喷射混凝土 m³	现浇地梁 混凝土 m³	现浇地梁 钢筋 t
				31	32	33
16	碎石(4cm)	m³	5505013	—	8.900	—
17	其他材料费	元	7801001	287.55	150.00	
18	250L以内强制式混凝土搅拌机	台班	8005002	3.19	—	—
19	350L以内强制式混凝土搅拌机	台班	8005003	—	0.60	—
20	混凝土喷射机	台班	8005011	3.19	—	—
21	9m³/min以内机动空气压缩机	台班	8017049	2.46	—	—
22	32kV·A交流电弧焊机	台班	8015028	—	—	1.88
23	小型机具使用费	元	8099001	—	80	30
24	基价	元	9999001	11940	9265	6845

Ⅳ. 脚 手 架

单位:100m²

序号	项目	单位	代号	边坡垂直高度(m)					
				5以内	10以内	15以内	20以内	25以内	30以内
				34	35	36	37	38	39
1	人工	工日	1001001	6.51	10.56	16.21	20.26	24.31	29.17
2	钢管	t	2003008	0.026	0.042	0.066	0.090	0.113	0.137
3	铁件	kg	2009028	0.630	0.790	0.990	1.240	1.550	1.940
4	8~12号铁丝	kg	2001021	0.750	0.940	1.180	1.480	1.850	2.310
5	其他材料费	元	7801001	80.88	103.01	130.52	167.50	196.13	225.46
6	基价	元	9999001	907	1438	2184	2772	3347	4014

注:本定额适用于高边坡上浇筑混凝土梁,用于清除杂草、浮土、滑坡土夹石时,工、料消耗乘以系数0.55。如果高边坡上需要钻孔,设置锚杆、锚索时,人工、材料消耗乘以系数1.23。

第二章 路面工程

说 明

(1) 路面项目中的厚度均为压实厚度。路面材料定额中运距均按平均不超过 20m 的情况制定,其超过 20m 以外的增运,采用有关材料运输项目计算。

(2) 凿除路面面层、挖除路面基层定额中,工程量按挖除工程的结构实际体积计算。废料弃运的运距按 20m 计算,其运距超过 20m 时应套用相关定额计算。运输工程量计算规则为:凿除混凝土按系数 1.3 计算,刨除基层按系数 1.2 计算。

(3) 各项路面定额均包括工地转移、现场运输、清理场地和初期养护以及工具的小维修等工作。

(4) 水泥、石灰稳定类基层定额中的水泥或石灰与其他材料系按一定配合比编制的,配合比与定额标明的配合比不同时,有关材料可分别按下式计算:

$$C_j = [C_d + B_d \times (H_1 - H_0)] \times L_i/L_d$$

式中:C_j——按设计配合比换算后的材料用量;

　　　C_d——定额中基本压实厚度的材料数量;

　　　B_d——定额中每增减 1cm 的材料数量;

　　　H_0——定额的基本压实厚度;

　　　H_1——设计的压实厚度;

L_d——定额标明的材料百分率；

L_i——设计配合比的材料百分率。

(5)若基层材料重复利用时,其利用材料的数量在编制预算时应在相关定额中扣除对应材料的消耗量。

(6)黑色路面定额已计入热化、熬制沥青用的锅、灶等设备的摊销费用,编制预算时,不得另行计算。

(7)沥青混合料采用的拌和机的安拆费用已计入设备摊销费中,使用本定额时不得另计。

(8)各类稳定土基层、泥结碎石路面的压实厚度在15cm以内,垫层和其他种类的基层压实厚度在20cm以内,面层的压实厚度在15cm以内,拖拉机、平地机和压路机台班按定额计算。若超过以上所述的压实厚度进行分层拌和、碾压时,拖拉机、平地机和压路机台班按定额数量加倍,每1000m³增加3.0工日。

(9)压路机台班根据行驶速度按两轮光轮压路机为2.0km/h、三轮光轮压路机为2.5km/h、轮胎式压路机为5.0km/h、振动压路机为3.0km/h来计算编制。如设计为单车道路面宽度时,两轮光轮压路机乘以系数1.14、三轮光轮压路机乘以系数1.33、轮胎式压路机和振动压路机乘以系数1.29。

(10)本章定额中凡列有洒水汽车在水源处自吸水编制,不计水费。如工地附近无天然水源可利用,必须采用供水部门供水时,可根据定额子目中洒水汽车的台班数量,按每台35m³计算定额用水量,乘以供水部门规定的水价增列水费。

2−1 除雪、撒防滑料

工程内容 1)人工清扫、铲除;2)机械清雪、运至路肩外;3)撒融雪剂、防滑料。

单位:1000m²

序号	项目	单位	代号	人工除雪		机械除雪		化学剂除雪	撒防滑料
				松雪	压实雪	松雪	压实雪		
				1	2	3	4	5	6
1	人工	工日	1001001	4.7	8.8	0.21	0.324	0.1	1.1
2	砂	m³	5503004	—	—	—	—	—	3.8
3	盐	kg	5026045	—	—	—	—	50	—
4	融雪剂	kg	5026032	—	—	—	—	30.00	—
5	2m³以内轮胎式装载机	台班	8001047	—	—	0.17	0.208	—	—
6	41kW以内手扶拖拉机	台班	8001074	—	—	—	—	0.04	—
7	小型机具使用费	元	8099001	0.49	1.58	6.86	6.86	1	0.25
8	基价	元	9999001	497	931	193	241	63	736

注:1. 如积雪厚度超过5cm,工料机消耗×2。
2. 定额清扫面积为实际清扫面积。

2-2 路面清扫

工程内容 人工或机械清扫路面杂物。

单位:1000m²

序号	项目	单位	代号	泥结路面	沥青路面		水泥混凝土路面	
				人工清扫	人工清扫	机械清扫	人工清扫	机械清扫
				1	2	3	4	5
1	人工	工日	1001001	2	1	—	1	—
2	国产清扫车	台班	8026010	—	—	0.18	—	0.18
3	小型机具费	元	8099001	2.9	1.8	—	1.8	—
4	基价	元	9999001	214	107	57	107	57

注:1.垃圾清运的费用已经包含在小型机具费当中。
 2.定额中清扫面积为实际清扫面积。

2-3 汽车洒水

工程内容 装水、运行、洒水、空回。

单位:1000m³水

序号	项目	单位	代号	洒水车运水			
				4000L以内洒水汽车		6000L以内洒水汽车	6000L以内洒水汽车
				第一个1km	每增运1km	第一个1km	每增运1km
				1	2	3	4
1	4000L以内洒水汽车	台班	8007040	0.180	0.037	—	—
2	6000L以内洒水汽车	台班	8007041	—	—	0.15	0.03
3	基价	元	9999001	118	24	110	22

2-4 挖除水泥路面面层

工程内容 1)破碎,翻撬;2)废料清运(20m内);3)场地清理。

单位:10m³

序号	项目	单位	代号	人工挖除	风镐破碎	破碎机破碎	
						混凝土路面	钢筋混凝土路面
				1	2	3	4
1	人工	工日	1001001	27.0	12.36	11.24	16.28
2	其他材料费	元	7801001	—	—	15.84	31.68
3	电动混凝土切缝机	台班	8003085	0.996	0.996	1.116	1.116
4	混凝土破碎机	台班	8026007	—	—	1.596	2.544
5	1m³/min以内电动空气压缩机	台班	8017041	—	1.74	—	—
6	小型机具使用费	元	8099001	5	27.72	—	—
7	基价	元	9999001	3064	1645	1776	2525

注:一次性挖除小于5m³(含5m³)时,人工工日和机械台班消耗量×1.5。

2－5 水泥路面多锤头碎石化

工程内容 混凝土路面破碎、整平、碾压。

单位：1000m²

序号	项目	单位	代号	路面厚 24cm	每增减1cm
				1	2
1	人工	工日	1001001	5.4	0.2
2	其他材料费	元	7801001	160.2	6.7
3	小型机具使用费	元	8099001	182.3	7.6
4	多锤头破碎机（RHMA288）	台班	8026068	0.85	—
5	Z型压路机（YZ18J）	台班	8026121	0.68	0.03
6	基价	元	9999001	9974	76

2-6 刨除旧沥青路面面层

工程内容 1)画线;2)刨除;3)废料清除到路基外(20m 内);4)清理现场。

单位:1000m²

序号	项目	单位	代号	人工刨除		凿岩机		铣刨机	
				厚4cm	每增减1cm	厚4cm	每增减1cm	厚4cm	每增减1cm
				1	2	3	4	5	6
1	人工	工日	1001001	50	16	18	4.2	15	3.5
2	电动凿岩机	台班	8001105	—	—	10	2.5	—	0.04
3	电动混凝土切缝机	台班	8003085	—	—	3	—	—	—
4	1000mm以内路面铣刨机	台班	8003093	—	—	—	—	0.5	0.1
5	小型机具使用费	元	8099001	93	20	53		30.2	—
6	基价	元	9999001	5371	1709	2862	526	2254	505

注:一次性刨除小于5m²(含5m²)时,人工工日和机械台班消耗量×1.5。

2-7 人工挖除路面基层

工程内容 1)人工凿除、翻撬;2)废料清除至路基外或堆置(20m以内);3)场地清理平整。

单位:100m³

序号	项目	单位	代号	稳定砂砾	稳定碎石	稳 定 土
				1	2	3
1	人工	工日	1001001	96.3	102.5	79.2
2	小型机具费	元	8099001	7	7	6
3	基价	元	9999001	10172	10827	8366

注:1.一次性挖除小于50m³(含50m³)时,人工工日和机械台班消耗量×1.5。

2.一次性挖除小于20m³(含20m³)时,人工工日和机械台班消耗量×1.8。

3.一次性挖除小于10m³(含10m³)时,人工工日和机械台班消耗量×2。

2-8 机械刨除路面基层

工程内容 1)机械推挖;2)废料清除至路基外(20m以内);3)场地平整、清理。

单位:100m³

序号	项目	单位	代号	1.0m³以内履带式液压单斗挖掘机			500mm以内铣刨机		
				稳定土	稳定砂砾	稳定碎石	稳定土	稳定砂砾	稳定碎石
				1	2	3	4	5	6
1	人工	工日	1001001	12.87	16.73	21.8	13.9	19.2	19.2
2	1.0m³以内履带式液压单斗挖掘机	台班	8001027	1.6	1.91	2.34	—	—	—
3	500mm以内路面铣刨机	台班	8003092	—	—	—	2.7	3.88	4.13
4	基价	元	9999001	3241	4013	5054	3473	4909	5094

注:1. 一次性挖除小于50m³(含50m³)时,人工工日和机械台班消耗量×1.5。
2. 一次性挖除小于20m³(含20m³)时,人工工日和机械台班消耗量×1.8。
3. 一次性挖除小于10m³(含10m³)时,人工工日和机械台班消耗量×2。

2-9 水泥稳定类基层修补

工程内容 1)清扫整理下承层、铺料;2)洒水、拌和、整理;3)碾压、找补、初期养护。

单位:100m²

序号	项目	单位	代号	稳定土(水泥含量10%)				稳定砂砾(水泥含量5%)				稳定碎石(水泥含量5%)			
				人工拌和		机械拌和		人工拌和		机械拌和		人工拌和		机械拌和	
				厚15cm	每增加1cm	厚15cm	每增加1cm	厚15cm	每增加1cm	厚15cm	每增加1cm	厚15cm	每增加1cm	厚15cm	每增加1cm
				1	2	3	4	5	6	7	8	9	10	11	12
1	人工	工日	1001001	10.2	0.6	3.5	0.21	12.3	1	3.8	0.31	6.4	0.4	5	0.31
2	32.5级水泥	t	5509001	2.68	0.179	2.678	0.179	1.68	0.112	1.683	0.112	1.607	0.107	1.61	0.107
3	土	m³	5501002	21.37	1.42	21.37	1.42	—	—	—	—	—	—	—	—
4	砂砾	m³	5503007	—	—	—	—	19.99	1.33	19.99	1.33	—	—	—	—
5	碎石	m³	5505016	—	—	—	—	—	—	—	—	21.05	1.44	21.05	1.44
6	120kW以内自行式平地机	台班	8001058	—	—	0.047	—	—	—	0.047	—	—	—	0.047	—
7	6~8t光轮压路机	台班	8001078	0.04	—	0.036	—	0.04	—	0.036	—	0.036	—	0.036	—
8	12~15t光轮压路机	台班	8001081	0.15	—	0.15	—	0.15	—	0.15	—	0.15	—	0.15	—
9	235kW以内稳定土拌和机	台班	8003005	—	—	0.032	0.003	—	—	0.032	0.003	—	—	0.032	0.003
10	6000L以内洒水汽车	台班	8007041	0.12	0.005	0.116	0.008	0.1	0.004	0.097	0.007	0.09	0.004	0.097	0.007
11	小型机具使用费	元	8099001	15	—	—	—	18	—	—	—	10	—	—	—
12	基价	元	9999001	2277	134	1668	100	5211	356	4412	291	5676	374	5643	373

注:1. 一次性修补小于50m²(含50m²)时,人工工日和机械台班消耗量×1.5。
2. 一次性挖除小于20m²(含20m²)时,人工工日和机械台班消耗量×1.8。
3. 一次性挖除小于10m²(含10m²)时,人工工日和机械台班消耗量×2。

2−10 石灰稳定类基层修补

工程内容 1)清扫整理下承层、消解石灰、铺料;2)洒水、拌和、整型;3)碾压、找补、初期养护。

单位:100m²

序号	项目	单位	代号	稳定土(石灰含量10%)				稳定土(石灰:粉煤灰:土=12:35:53)			
				人工拌和		机械拌和		人工拌和		机械拌和	
				厚15cm	每增加1cm	厚15cm	每增加1cm	厚15cm	每增加1cm	厚15cm	每增加1cm
				1	2	3	4	5	6	7	8
1	人工	工日	1001001	18.2	1.13	5.2	0.3	13.1	0.8	4.9	0.2
2	水	m³	3005004	2.5	0.2	2.5	0.2	2.5	0.3	2.5	0.3
3	熟石灰	t	5503003	2.6	0.173	2.596	0.173	2.688	0.179	2.688	0.179
4	黏土	m³	5501003	20.51	1.37	20.511	1.37	10.43	0.7	10.43	0.7
5	粉煤灰	m³	5501009	—	—	—	—	10.46	0.7	10.46	0.7
6	75kW以内平地机	台班	8001056	—	—	—	—	—	—	0.03	—
7	120kW以内自行式平地机	台班	8001058	—	—	0.047	—	—	—	0.08	—
8	6~8t光轮压路机	台班	8001078	0.036	—	0.036	—	0.05	—	0.05	—
9	12~15t光轮压路机	台班	8001081	0.15	—	0.15	—	0.15	—	0.15	—
10	235kW以内稳定土拌和机	台班	8003005	—	—	0.032	0.002	—	—	0.032	0.002
11	6000L以内洒水汽车	台班	8007041	—	—	0.143	0.01	—	—	0.15	0.01
12	基价	元	9999001	2945	181	1795	105	4600	293	4027	241

续前页

单位:100m²

序号	项目	单位	代号	稳定砂砾石（石灰:粉煤灰:砂砾=5:15:80）				稳定碎石（石灰:粉煤灰:碎石=5:15:80）			
				人工拌和		机械拌和		人工拌和		机械拌和	
				厚15cm	每增加1cm	厚15cm	每增加1cm	厚15cm	每增加1cm	厚15cm	每增加1cm
				9	10	11	12	13	14	15	16
1	人工	工日	1001001	12.4	0.7	4.5	0.3	18.2	0.7	4.1	0.3
2	水	m³	3005004	3.3	0.2	3.3	0.2	2.5	0.2	2.5	0.2
3	熟石灰	t	5503003	1.506	0.1	1.506	0.1	1.6	0.11	1.6	0.11
4	砂砾	m³	5503007	14.92	1	14.92	1	—	—	—	—
5	碎石	m³	5505016	—	—	—	—	16.2	1.1	16.21	1.08
6	粉煤灰	m³	5501009	6.03	0.4	6.026	0.4	6.4	0.43	6.4	0.43
7	120kW以内自行式平地机	台班	8001058	—	—	0.08	—	—	—	0.08	—
8	6~8t光轮压路机	台班	8001078	0.05	—	0.05	—	0.036	—	0.05	—
9	12~15t光轮压路机	台班	8001081	0.15	—	0.15	—	0.15	—	0.15	—
10	235kW以内稳定土拌和机	台班	8003005	—	—	0.03	0.002	—	—	0.03	0.002
11	6000L以内洒水汽车	台班	8007041	0.13	0.006	0.13	0.006	0.116	0.005	0.12	0.005
12	基价	元	9999001	5509	347	4922	313	7245	426	5919	384

注:1.一次性修补小于50m²(含50m²)时,人工工日和机械台班消耗量×1.5。
　 2.一次性挖除小于20m²(含20m²)时,人工工日和机械台班消耗量×1.8。
　 3.一次性挖除小于10m²(含10m²)时,人工工日和机械台班消耗量×2。

2-11 修补沥青路面坑槽

工程内容 1)放样、挖槽、清扫、碾压、配料、熬油、运油、刷黏结油;2)铺补、整平、压实。

单位:100m²

序号	项目	单位	代号	沥青表面处治					沥青贯入式面层		沥青混凝土		多功能沥青路面修补车	
				单层	双层		三层		厚4cm	每增减1cm	厚4cm	每增减1cm	厚4cm	每增减1cm
				处治厚度(cm)										
				1.5	2	2.5	2.5	3						
				1	2	3	4	5	6	7	8	9	10	11
1	人工	工日	1001001	9.89	11.25	12.26	13.78	14.99	16.85	2.76	16.87	2.78	2.667	1.346
2	石油沥青	t	3001001	0.155	0.299	0.319	0.433	0.453	0.505	0.072	0.665	0.166	0.122	0.031
3	乳化沥青	t	3001005	—	—	—	—	—	—	—	—	—	0.018	0.050
4	煤	t	3005001	0.03	0.058	0.062	0.084	0.088	0.098	0.014	—	—	0.017	0.004
5	砂	m³	5503004	0.312	0.312	0.312	0.312	0.312	0.312	—	2.457	0.614	0.468	0.188
6	矿粉	t	5503013	—	—	—	—	—	—	—	0.78	0.195	0.128	0.032
7	石屑	m³	5503014	—	0.816	0.816	0.816	0.816	1.326	—	0.835	0.209	0.26	0.065
8	路面碎石(1.5cm)	m³	5505017	1.326	1.734	—	1.326	1.326	1.326	—	2.698	0.675	0.719	0.181
9	路面碎石(2.5cm)	m³	5505018	—	—	1.938	1.938	2.142	—	0.714	—	—	—	—
10	路面碎石(3.5cm)	m³	5505019	—	—	—	—	—	4.488	1.122	—	—	—	—

续前页

单位:100m²

序号	项目	单位	代号	沥青表面处治					沥青贯入式面层		沥青混凝土		多功能沥青路面修补车	
				单层	双层		三层							
				处治厚度(cm)										
				1.5	2	2.5	2.5	3	厚4cm	每增减1cm	厚4cm	每增减1cm	厚4cm	每增减1cm
				1	2	3	4	5	6	7	8	9	10	11
11	其他材料费	元	7801001	—	—	—	—	—	—	—	—	—	0.900	0.230
12	1m³以内轮式装载机	台班	8001045	—	—	—	—	—	—	—	0.086	0.025	—	—
13	6~8t光轮压路机	台班	8001078	0.065	0.128	0.128	0.193	0.193	0.336	—	0.388	—	—	—
14	12~15t光轮压路机	台班	8001081	—	—	—	—	—	0.322	—	0.366	—	—	—
15	0.6t手扶式振动碾	台班	8001085	—	—	—	—	—	—	—	—	—	0.052	0.013
16	10t以内振动压路机	台班	8001088	—	—	—	—	—	—	—	—	—	0.001	—
17	液压锻钎机	台班	8001129	—	—	—	—	—	—	—	—	—	0.176	0.044
18	4000L以内沥青洒布车	台班	8003038	0.022	0.043	0.046	0.062	0.065	0.056	0.013	—	—	—	—
19	30t/h以内沥青拌和设备	台班	8003047	—	—	—	—	—	—	—	0.09	0.028	—	—
20	电动混凝土切缝机	台班	8003085	—	—	—	—	—	—	—	—	—	0.004	—
21	5t以内载货汽车	台班	8007004	—	—	—	—	—	—	—	—	—	0.213	0.093
22	5t以内自卸汽车	台班	8007012	—	—	—	—	—	—	—	0.51	—	—	—
23	1t/h以内工业锅炉	台班	8017054	—	—	—	—	—	—	—	0.094	0.029	—	—

续前页

单位:100m²

序号	项目	单位	代号	沥青表面处治					沥青贯入式面层		沥青混凝土		多功能沥青路面修补车	
				单层	双层		三层							
				处治厚度(cm)										
				1.5	2	2.5	2.5	3	厚4cm	每增减1cm	厚4cm	每增减1cm	厚4cm	每增减1cm
				1	2	3	4	5	6	7	8	9	10	11
24	小型机具使用费	元	8099001	1.92	3.53	3.72	4.95	5.14	9.75	1.27	12.5	3.1	2.99	0.768
25	沥青混凝土路面修补车	台班	8026045	—	—	—	—	—	—	—	—	—	0.333	0.083
26	基价	元	9999001	2028	3004	3235	4159	4411	5613	965	6950	1454	2230	817

注:1. 一次性修补沥青混凝土路面坑槽工程量50m²以内(含50m²),定额人工工日及机械台班消耗量×1.3。
2. 一次性修补沥青混凝土路面坑槽工程量20m²以内(含20m²),定额人工工日及机械台班消耗量×1.8。
3. 一次性修补沥青混凝土路面坑槽工程量10m²以内(含10m²),定额人工工日及机械台班消耗量×2。
4. 一次性修补沥青混凝土路面坑槽工程量5m²以内(含5m²),定额人工工日及机械台班消耗量×2.5。

2-12 沥青路面拥包处治

工程内容 1)清除油包、铲平、清扫;2)刷油、撒料、加热烙平;3)清除、自然碾压。

单位:100m²

序号	项目	单位	代号	沥青混凝土拥包处治
				1
1	人工	工日	1001001	17.25
2	石油沥青	t	3001001	0.250
3	煤	t	3005001	0.088
4	石屑	m³	5503014	2.040
5	其他材料费	元	7801001	2.10
6	基价	元	9999001	3191

2-13 维修沥青路面麻面、松散

工程内容 撒料嵌缝:1)清扫下承面;2)撒嵌缝料、扫匀;3)不贫油时不洒油。
大面积油砂封层:1)清扫下承面;2)熬油、运输;3)喷洒沥青、撒嵌缝料;4)轻型压路机碾压。
维修松散:1)清扫松散矿料;2)熬油、运输;3)喷洒沥青;4)匀撒3~6mm粒径的石屑或砂;5)轻型压路机碾压。

单位:100m²

序号	项目	单位	代号	维修麻面			维修松散
				撒料嵌缝		大面积油砂封层	
				不洒油	洒油		
				1	2	3	4
1	人工	工日	1001001	0.7	0.8	26.0	1.2
2	石油沥青	t	3001001	—	0.096	0.136	0.170
3	煤	t	3005001	—	0.022	0.030	0.033
4	砂	m³	5503004	0.5	0.5	—	0.34
5	石屑	m³	5503014	1	1	1.65	—
6	路面用碎石(1.5cm)	m³	5505017	—	—	—	0.88
7	其他材料费	元	7801001			2.6	
8	6~8t光轮压路机	台班	8001078	—	—	0.04	0.04
9	4000L以内沥青洒布车	台班	8003038	—	0.01	0.01	0.02
10	小型机具使用费	元	8099001	1.8	1.7	2.8	0.6
11	基价	元	9999001	321	726	3590	1073

注:沥青路面除上述外的其他维修处治方法及脱皮的维修,如基层开挖及铺筑、路面开挖及封层、黏层、透层、罩层、表处、沥青混合料、沥青混凝土路面等按有关定额计算。

2－14 沥青路面罩面

工程内容 1)施工准备;2)配料拌和、运料、摊铺;3)整型、碾压;4)初期养护;5)机具转移。

单位:1000m²

序号	项目	单位	代号	沥青混合料罩面	
				压实厚度(cm)	
				4	每增减1
				1	2
1	人工	工日	1001001	4.3	0.8
2	石油沥青	t	3001001	4.544	1.136
3	砂	m³	5503004	18.27	4.57
4	矿粉	t	5503013	3.77	0.942
5	石屑	m³	5503014	12.2	4.67
6	路面用碎石(1.5cm)	m³	5505017	28.85	7.21
7	细粒式沥青混凝土	m³	1505007	(40.800)	(10.2)
8	其他材料费	元	7801001	75.5	—
9	3.0m³以内轮胎式装载机	台班	8001049	0.17	0.04
10	240t/h以内沥青拌和设备	台班	8003052	0.08	0.02
11	12.5m内沥青混合料摊铺机	台班	8003060	0.18	0.03
12	15t以内双钢轮振动压路机	台班	8003065	0.36	0.05

续前页 单位:1000m²

序号	项 目	单位	代号	沥青混合料罩面	
				压实厚度(cm)	
				4	每增减1
				1	2
13	20~25t轮胎式压路机	台班	8003068	0.46	0.07
14	30t以内平板拖车组	台班	8007025	0.08	0.01
15	小型机具使用费	元	8099001	1.4	—
16	基价	元	9999001	35647	8949

2－15　维修沥青路面泛油

工程内容　轻微泛油:1)清扫下承面;2)单层撒 3~5mm 粒径的石屑或粗砂、控制行车碾压。
　　　　　　较重泛油:1)清扫下承面;2)撒 5~10mm 粒径的碎石;3)碾压;4)撒 3~5mm 粒径石屑或粗砂;5)压路机碾压。
　　　　　　严重泛油:1)清扫下承面;2)撒 10~15mm 粒径(或更大的)碎石;3)压路机碾压;4)分次撒 5~10mm 粒径的碎石,压路机碾压。

单位:100m²

序号	项目	单位	代号	维修泛油		
				泛油程度		
				轻微	较重	严重
				1	2	3
1	人工	工日	1001001	0.32	0.38	0.38
2	矿粉	m³	5503013	—	—	0.38
3	石屑	m³	5503014	0.80	0.80	—
4	路面用碎石(1.5cm)	m³	5505017	—	0.50	1.30
5	6~8t 光轮压路机	台班	8001078		0.04	0.04
6	小型机具使用费	元	8099001	0.40	0.40	0.50
7	基价	元	9999001	165	287	434

2–16 沥青路面车辙处治

工程内容 清扫、凿平、撒料、碾压。

单位:100m²

序号	项目	单位	代号	沥青混凝土车辙处治
				1
1	人工	工日	1001001	19.16
2	石油沥青	t	3001001	0.400
3	煤	t	3005001	0.119
4	中(粗)砂	m³	5503005	0.340
5	碎石	m³	5505016	3.100
6	石屑	m³	5503014	1.190
7	其他材料费	元	7801001	4.100
8	6~8t 光轮压路机	台班	8001078	0.630
9	8~10t 光轮压路机	台班	8001079	0.350
10	基价	元	9999001	4931

注：定额按2cm处治编制，如实际与定额不符，应按实际材料用量编制。

2–17 处理路面搓板

工程内容 1）铲除波峰或用新料填补波谷；2）整平、碾压；3）初期养护。

单位：1000m²

序号	项 目	单位	代号	沥青路面	泥结碎石路面
				1	2
1	人工	工日	1001001	6.25	3.20
2	石油沥青	t	3001001	0.448	—
3	煤	t	3005001	0.119	—
4	砂	m³	5503004	1.410	—
5	矿粉	t	5503013	0.517	—
6	石屑	m³	5503014	1.460	—
7	黏土	m³	5501003	—	0.950
8	路面用碎石(1.5cm)	m³	5505017	—	4.180
9	路面用碎石(2.5cm)	m³	5505018	1.700	—
10	其他材料费	元	7801001	3.80	—
11	6~8t 光轮压路机	台班	8001078	0.070	0.068
12	基价	元	9999001	3485	1223

2-18 修补稳定磨耗层

工程内容 洒水,铺料,拌和,整平,碾压。

单位:100m²

序号	项目	单位	代号	级配砂砾			砂土	
				压实厚2cm	压实厚3cm	压实厚4cm	压实厚2cm	压实厚3cm
				1	2	3	4	5
1	人工	工日	1001001	1.19	1.54	1.72	1.19	1.54
2	水	m³	3005004	0.700	1.000	1.300	0.800	1.100
3	砂砾	m³	5503007	2.463	3.695	4.926	2.211	3.320
4	黏土	m³	5501003	0.546	0.819	1.092	0.630	0.950
5	6~8t光轮压路机	台班	8001078	0.040	0.040	0.040	0.040	0.040
6	基价	元	9999001	538	774	992	500	717

续前页

单位:100m²

序号	项 目	单位	代号	黏 土
				6
1	人工	工日	1001001	0.27
2	黏土	m³	5501003	6.80
3	小型机具使用费	元	8099001	8.20
4	基价	元	9999001	101

2-19 沥青路面裂缝处治

工程内容 1)清缝、熬油、运输;2)灌油填路、熨平、清理场地。

单位:1000m 缝长

序号	项目	单位	代号	油砂填缝			浇油灌缝	处理较大裂缝	沥青灌缝胶直接抹缝	沥青灌缝胶开槽灌缝
				缝宽1.0cm以内	缝宽1.1~1.5cm	缝宽1.6~2.0cm			缝宽5mm以内	缝宽>5mm
				1	2	3	4	5	6	7
1	人工	工日	1001001	3.95	4.35	4.65	2.15	8.6	4.5	6.5
2	石油沥青	t	3001001	0.024	0.028	0.031	0.041	0.113	—	—
3	抗剥离剂	kg	5026050	—	—	—	—	5.000	—	—
4	煤	t	3005001	0.010	0.011	0.013	0.041	0.213	—	—
5	砂	m³	5503004	0.170	0.230	0.290	0.030	0.375	—	—
6	矿粉	t	5503013	0.028	0.032	0.037	0.006	0.091	—	—
7	石屑	m³	5503014	—	—	—	—	0.038	—	—
8	路面用碎石(1.5cm)	m³	5505017	—	—	—	—	0.22	—	—
9	路面用碎石(2.5cm)	m³	5505018	—	—	—	—	0.3	—	—
10	其他材料费	元	7801001	—	—	—	2.250	—	1.0	2.0
11	保温车	台班	8026006	—	—	—	—	0.42	—	—

续前页

单位:1000m 缝长

序号	项 目	单位	代号	油砂填缝			浇油灌缝	处理较大裂缝	沥青灌缝胶直接抹缝	沥青灌缝胶开槽灌缝
				缝宽1.0cm以内	缝宽1.1~1.5cm	缝宽1.6~2.0cm			缝宽5mm以内	缝宽>5mm
				1	2	3	4	5	6	7
12	灌缝胶	kg	5001439	—	—	—	—	—	41.70	50.0
13	沥青灌缝机	台班	8003091	—	—	—	—	—	0.50	0.65
14	2t以内载货汽车	台班	8007001	—	—	—	—	—	0.40	0.50
15	3m³/min以内机动空气压缩机	台班	8017047	—	—	—	—	—	0.15	0.3
16	路面开槽机	台班	8026030	—	—	—	—	—	—	0.25
17	小型机具使用费	元	8099001	1.28	1.42	1.96	0.66	12	3	3
18	基价	元	9999001	555	625	681	426	4568	2230	2912

2-20 沥青路面磨光

工程内容 1)铣刨机磨糙沥青面层表面;2)场地清理。

单位:100m²

序号	项 目	单位	代号	不带自动回收装置铣刨机磨糙沥青路面面层
				1
1	人工	工日	1001001	0.20
2	2000mm 以内路面铣刨机	台班	8003094	0.03
3	小型机具使用费	元	8099001	1.80
4	基价	元	9999001	154

2-21 沥青路面封层

工程内容 1)清扫下承层;2)安设拆除熬油设备、熬油运输;3)沥青路面车洒油、人工铺撒矿料;4)碾压、找补、初期养护。

单位:100m²

序号	项目	单位	代号	撒黏层油	乳化沥青稀浆封层（厚4~6mm）	热沥青（厚8~10mm）
				1	2	3
1	人工	工日	1001001	0.09	1.24	0.35
2	石油沥青	t	3001001	0.052	—	0.220
3	乳化沥青	t	3001005	—	0.170	—
4	煤	t	3005001	0.011	0.190	0.215
5	矿粉	t	5503013	—	0.555	—
6	石屑	m³	5503014	—	0.629	1.260
7	其他材料费	元	7801001	0.59	3.80	—
8	6~8t光轮压路机	台班	8001078	—	—	0.176
9	4000L以内沥青洒布车	台班	8003038	0.007	0.100	0.160
10	小型机具使用费	元	8099001	0.55	16.53	5.00
11	基价	元	9999001	225	1190	1422

2-22 沥青同步碎石封层

工程内容 1）清扫下承层；2）导热油加热石油沥青；3）同步碎石封层车摊铺料；4）碾压、找补；5）初期养护。

单位：1000m²

序号	项目	单位	代号	下封层
				1
1	人工	工日	1001001	2.0
2	改性沥青	t	3001002	1.2
3	路面用碎石(0.5cm)	m³	5526007	3.5
4	设备摊销费	元	7901001	237.9
5	3m³以内轮胎式装载机	台班	8001049	0.27
6	16~20t轮胎式压路机	台班	8003067	0.54
7	路面清扫车(清扫宽度2~3m)	台班	8026003	0.24
8	15t以内自卸汽车	台班	8007017	0.25
9	同步碎石封层车	台班	8003095	0.27
10	小型机具使用费	元	8099001	11.6
11	基价	元	9999001	9729

2-23 修补沥青路面啃边

工程内容 1)挖除破损部分边缘、熬油、配料拌和;2)摊铺、整型、培肩、碾压。

单位:100m²

序号	项目	单位	代号	无路缘石		有路缘石	
				宽度3cm以内	每增1cm	宽度3cm以内	每增1cm
				1	2	3	4
1	人工	工日	1001001	33.40	9.90	38.20	11.6
2	石油沥青	t	3001001	0.477	0.159	0.477	0.159
3	煤	t	3005001	0.102	0.034	0.102	0.034
4	砂	m³	5503004	1.410	0.470	1.410	0.47
5	矿粉	t	5503013	0.435	0.145	0.435	0.145
6	石屑	m³	5503014	1.550	0.520	1.550	—
7	碎石(2cm)	m³	5505012	1.510	0.500	1.510	—
8	其他材料费	元	7801001	4.20	1.00	3.80	0.9
9	6~8t 光轮压路机	台班	8001078	0.746	0.300	0.860	0.32
10	1t 以内振动压路机	台班	8026002	0.720	—	0.720	—
11	小型机具使用费	元	8099001	12.130	4.050	14.950	4.3
12	基价	元	9999001	6773	2106	7322	2106

2-24 沥青路面超薄磨耗层

工程内容 1)画线、调试精细铣刨机、铣刨、废料清运(20m内)、人工边角修整、整平;2)人工结合清扫车清扫铣刨路槽,清扫至路槽内无松散结构、浮尘、废料堆积、装车;3)沥青加热、保温、运输,装载机铲运、上料,配运料,矿料加热烘干、拌和、出料,清除废料、清理;4)场地清理、整理下承层、机械喷洒乳化沥青、摊铺沥青混合料、找平、碾压、初期养护。

单位:1000m²

序号	项目	单位	代号	原路面精铣刨	铣刨路槽清扫	拌和	机械铺筑 厚度2cm
				1	2	3	4
1	人工	工日	1001001	0.4	12.0	1.0	2.0
2	沥青混合料	m³	1526078	—	—	(20.8)	(20.8)
3	改性沥青	t	3001002	—	—	2.309	—
4	改性乳化沥青	t	3001006	—	—	—	1.030
5	水	m³	3005004	3			
6	砂	m³	5503004	—	—	7.280	—
7	矿粉	t	5503013			1.414	
8	路面用碎石(0.5cm)	m³	5526007			2.080	
9	路面用碎石(1.5cm)	m³	5505017			20.800	
10	其他材料费	元	7801001	—	5.0	6.2	
11	设备摊销费	元	7901001			74.2	

续前页

单位：1000m²

序号	项目	单位	代号	原路面精铣刨	铣刨路槽清扫	拌和	机械铺筑 厚度2cm
				1	2	3	4
12	2m³以内轮胎装载机	台班	8001047	—	—	0.16	—
13	120t/h以内沥青拌和设备	台班	8003050	—	—	0.08	—
14	15t以内双钢轮振动压路机	台班	8003065	—	—	—	0.20
15	10t以内自卸汽车	台班	8007015	—	0.7	—	—
16	6000L以内洒水汽车	台班	8007041	0.10	—	—	—
17	φ100mm以内电动单级离心清水泵	台班	8013002	0.12	—	—	—
18	超薄磨耗层摊铺机	台班	8026031	—	—	—	0.10
19	2m以内路面精细铣刨机（进口）	台班	8026032	0.11	—	—	—
20	强力清扫机	台班	8026033	—	0.55	—	—
21	便携式吹风机	台班	8026034	—	2.80	—	—
22	小型机具使用费	元	8099001	17.0	—	—	—
23	基价	元	9999001	835	2450	21024	5149

2-25 沥青路面雾封

工程内容 1)加热、运输沥青;2)沥青洒布车洒布改性乳化沥青;3)人工涂刷油剂型沥青;4)等待破乳后开放交通。

单位:1000m²

序号	项目	单位	代号	乳剂型	油剂型
				1	2
1	人工	工日	1001001	1.5	1.5
2	改性乳化沥青	t	3001006	0.433	—
3	沥青油剂	t	5026035	—	0.515
4	其他材料费	元	7801001	25.0	25.0
5	4000L 以内沥青洒布车	台班	8003038	—	0.2
6	2t 以内载货汽车	台班	8007001	0.12	0.25
7	8000L 以内沥青洒布车	台班	8003040	0.10	—
8	便携式吹风机	台班	8026034	0.06	0.06
9	基价	元	9999001	1873	6587

2－26 沥青路面微表处

工程内容 1）矿料配制、拌和、装车、运输至施工现场；2）放样、清理下承层、摊铺、养生成型、清理场地。

单位：1000m²

序号	项目	单位	代号	微表处车辙填充		微表处罩面
				单层车辙填充	双层车辙填充	
				车辙深度（1.5cm以内）	车辙深度（3cm以内）	平均厚度1cm
				1	2	3
1	人工	工日	1001001	5	9.5	3.7
2	微表处混合料	m³	1526080	(10.4)	(20.8)	(10.4)
3	32.5级水泥	t	5509001	0.520	1.04	0.520
4	改性乳化沥青	t	3001006	2.600	5.2	2.600
5	水	m³	3005004	5.0	10	5.000
6	砂	m³	5503004	8.944	17.844	8.944
7	路面碎石(0.5cm)	m³	5526007	2.808	5.616	2.808
8	路面碎石(1.5cm)	m³	5505017	4.680	9.36	4.680
9	其他材料费	元	7801001	1.0	2.0	1.0
10	2m³以内轮胎式装载机	台班	8001047	0.13	0.23	0.13
11	2t以内载货汽车	台班	8007001	0.86	1.56	0.77
12	便携式吹风机	台班	8026034	0.13	0.26	0.13

续前页　　单位:1000m²

序号	项目	单位	代号	微表处车辙填充		微表处罩面
				单层车辙填充	双层车辙填充	
				车辙深度(1.5cm 以内)	车辙深度(3cm 以内)	平均厚度1cm
				1	2	3
13	30t/h 以内配料拌和机	台班	8026036	0.13	0.27	0.13
14	微表处摊铺车	台班	8026037	0.42	0.84	0.41
15	基价	元	9999001	15395	30653	15183

注:车辙深度1.5cm 以内为一次摊铺,车辙深度3cm 以内为二次摊铺。

2-27 沥青厂拌热再生拌和

工程内容 1)沥青加热、保温、输送;2)装载机铲运、上、配运新旧料;3)添加沥青再生剂;4)新旧料加热烘干;5)拌和、出料。

单位:100m³ 实体

序号	项目	单位	代号	沥青混凝土厂拌热再生		
				粗粒式	中粒式	细粒式
				1	2	3
1	人工	工日	1001001	4.7	4.7	4.7
2	回收沥青路面材料(RAP)	m³	1526081	(44.43)	(26.58)	(17.66)
3	再生混合料	m³	1526082	(102)	(102)	(102)
4	石油沥青	t	3001001	5.827	8.072	10.127
5	砂	m³	5503004	19.94	18.22	37.99
6	矿粉	t	5503013	6.06	2.477	4.94
7	石屑	m³	5503014	8.04	20.84	39.97
8	路面用碎石(1.5cm)	m³	5505017	11.32	29.03	48.24
9	路面用碎石(2.5cm)	m³	5505018	17.79	43.55	—
10	路面用碎石(3.5cm)	m³	5505019	24.27	—	—
11	沥青再生剂	t	1526079	0.392	0.255	0.22
12	其他材料费	元	7801001	19.2	23	28.8
13	设备摊销费	元	7901001	250	267.9	289.3

续前页

单位:100m³实体

序号	项目	单位	代号	沥青混凝土厂拌热再生		
				粗粒式	中粒式	细粒式
				1	2	3
14	3.0m³以内轮胎式装载机	台班	8001049	0.57	0.57	0.57
15	5t以内自卸汽车	台班	8007012	0.27	0.27	0.27
16	生产能力320t/h以内沥青热再生厂拌设备	台班	8026055	0.18	0.16	0.15
17	基价	元	9999001	53736	64581	73860

注:定额中回收沥青路面材料(RAP)的掺配比分别为50%、30%、20%,当设计掺配比例与本定额不一致时,可调整相应材料消耗量。

2−28 乳化沥青厂拌冷再生

工程内容 拌和:1)乳化沥青输送;2)铣刨料破碎、筛分;3)装载机铲运料、上料、配运料;4)拌和、出料。
铺筑:1)清扫整理下承层;2)机械摊铺沥青混合料;3)找平、碾压;4)初期养护。

单位:100m³实体

序号	项目	单位	代号	拌和 200t 以内	摊铺 机械摊铺
				1	2
1	人工	工日	1001001	4.100	7.200
2	冷再生混合料	m³	1526075	(102)	—
3	42.5级水泥	t	5509002	3.366	—
4	乳化沥青	t	3001005	7.931	—
5	水	m³	3005004	7.000	—
6	铣刨料	t	1526076	206.480	—
7	2.0m³轮胎式装载机	台班	8001047	1.155	—
8	20t以内振动压路机	台班	8001090	—	0.748
9	240t/h以内沥青拌和设备	台班	8003052	0.201	—
10	12.5m以内沥青混合料摊铺机	台班	8003060	—	1.54
11	15t以内双钢轮振动压路机	台班	8003065	—	0.748
12	20~25t轮胎式压路机	台班	8003068	—	1.474

续前页

单位:100m³实体

序号	项目	单位	代号	拌和 200t以内	摊铺 机械摊铺
				1	2
13	5t以内自卸汽车	台班	8007012	0.209	—
14	6000L洒水车	台班	8007041	—	0.704
15	φ150mm×250mm电动颚式破碎机	台班	8015060	0.378	—
16	生产率8~20m³/h滚筒式筛分机	台班	8015081	0.378	—
17	基价	元	9999001	38407	10752

注:本定额未考虑新增石料,若需要可另计。

2-29 沥青路面就地复拌热再生

工程内容 1)路表清洁、定施工导向线;2)路面加热、耙松、添加再生剂和改性沥青;3)收集旧料、添加新料;4)新旧混合料提升拌和、摊铺、碾压。

单位:1000m²

序号	项目	单位	代号	就地复拌热再生层	
				温度≥20℃	5℃<温度<20℃
				1	2
1	人工	工日	1001001	16.9	17.7
2	改性沥青	t	3001002	0.050	0.050
3	水	m³	3005004	21	21
4	沥青再生剂	t	1526079	0.529	0.529
5	设备摊销费	元	7901001	1200.0	1200.0
6	自动找平摊铺机(4.5m以内)	台班	8003057	0.38	0.41
7	钢轮振动压路机	台班	8003065	0.79	0.86
8	20~25t轮胎式压路机	台班	8003068	0.48	0.52
9	10000L以内洒水汽车	台班	8007043	0.26	0.26
10	热再生机HM7	台班	8026056	0.31	0.31
11	热再生机HM16	台班	8026057	0.62	0.93
12	复拌热再生机	台班	8026058	0.31	0.31
13	复拌提升机	台班	8026059	0.31	0.31
14	基价	元	9999001	39043	43087

注:定额中不含新增沥青混合料的费用,需时另行计算拌和及运输费用。定额中改性沥青用量按0.5%的油石比计算,设计不同时可进行调整。

2-30 沥青路面就地冷再生

工程内容 1)对就地冷再生前的道路进行预整;2)施工放样、铺洒水泥;3)铣刨路面、添加新骨科、稳定剂和水拌和、接缝处理;4)预压实、整平、压实及养生。

单位:100m³

序号	项目	单位	代号	沥青路面就地冷再生		
				水泥稳定剂	乳化沥青稳定剂	泡沫沥青稳定剂
				1	2	3
1	人工	工日	1001001	12.0	12.1	11.8
2	32.5级水泥	t	5509001	10.000	3.750	3.750
3	乳化沥青	t	3001005	—	10.090	—
4	水	m³	3005004	18	16	16
5	砂	m³	5503004	6.46	6.46	6.46
6	矿粉	m³	5503013	—	2.52	2.52
7	路面用碎石(1.5cm)	m³	5505017	20.25	20.25	20.25
8	泡沫沥青	t	1526083	—	—	6.310
9	其他材料费	元	7801001	123.0	156.0	142.0
10	2.0m³轮胎式装载机	台班	8001047	0.16	0.16	0.16
11	150kW以内平地机	台班	8001060	0.03	0.03	0.03
12	4000L以内液态沥青运输车	台班	8003031	—	0.18	0.18

续前页

单位:100m³

序号	项目	单位	代号	沥青路面就地冷再生		
				水泥稳定剂	乳化沥青稳定剂	泡沫沥青稳定剂
				1	2	3
13	12t以内双钢轮振动压路机	台班	8003064	0.15	0.15	0.15
14	20~25t轮胎式压路机	台班	8003068	0.06	0.06	0.06
15	8t以内自卸汽车	台班	8007014	0.36	0.36	0.36
16	8000L以内洒水汽车	台班	8007042	0.85	0.85	0.85
17	450kW冷再生机	台班	8003100	0.12	0.12	0.12
18	基价	元	9999001	12896	45321	65277

注:1. 本定额中乳化沥青又称乳化沥青稳定剂,泡沫沥青又称泡沫沥青稳定剂。

2. 本定额中稳定剂及添加骨料用量(定额中的水泥、乳化沥青、泡沫沥青、砂、矿粉及路面用碎石)按常规计算,若实际用量不同时可对其进行调整。

2-31 水泥路面错台处理

工程内容 机械磨平:1)清洗;2)机械打磨、冲洗。
板底灌浆:1)灰浆拌和;2)钻孔;3)运输;4)灌浆;5)清理工作面。

Ⅰ.机械磨平

单位:100m²

序号	项目	单位	代号	水泥混凝土路面错台处理
				机械磨平
				1
1	人工	工日	1001001	6.5
2	5.5kW混凝土磨光机	台班	8026005	4.07
3	基价	元	9999001	1284

Ⅱ. 板 底 灌 浆

单位：100m²

序号	项目	单位	代号	水泥混凝土路面错台处理
				板底灌浆
				2
1	人工	工日	1001001	3.0
2	M40 水泥砂浆	m³	1501010	(4.31)
3	32.5 级水泥	t	5509001	3.186
4	水	m³	3005004	8
5	中(粗)砂	m³	5503005	4.18
6	其他材料费	元	7801001	13.5
7	200L 以内灰浆搅拌机	台班	8005009	0.23
8	生产率 50L/min 压浆机(含拌浆机)	台班	8005083	0.27
9	6t 以内自卸汽车	台班	8007013	0.29
10	小型机具使用费	元	8099001	162.0
11	基价	元	9999001	2765

注：若砂浆消耗量与表中定额消耗量不同，可按实际消耗量进行调整。

2-32 水泥路面修补坑洞及裂缝处理

工程内容 修补:1)画线切割;2)挖(凿)除破损混凝土;3)周边凿毛、冲洗;4)配料、拌和;5)填筑、捣固、抹平、养生。
　　　　　裂缝处理:将裂缝杂物剔除干净、灌注、整平。

单位:表列单位

序号	项目	单位	代号	修补坑洞(10m²) 深5cm	修补坑洞(10m²) 每增减1cm	裂缝处理(100m)
				1	2	3
1	人工	工日	1001001	5.412	0.882	1.059
2	C30水泥混凝土	m³	1526093	(0.51)	(0.10)	—
3	32.5级水泥	t	5509001	0.186	0.037	—
4	乳化沥青	t	3001005	—	—	0.083
5	橡胶粉	kg	5526004	—	—	5.875
6	水	m³	3005004	2.000	1.000	—
7	石棉屑	kg	5526003	—	—	27.250
8	中(粗)砂	m³	5503005	0.250	0.050	—
9	碎石(4cm)	m³	5505013	0.434	0.087	—
10	其他材料费	元	7801001	15.500	—	52.000
11	小型机具使用费	元	8099001	33.000	11.400	21.900
12	定额基价	元	9999001	836	151	501

2-33 水泥路面拱起(板端切割)

工程内容 1)板端切开;2)板块复原;3)封填接缝。

单位:10处

序号	项目	单位	代号	水泥混凝土路面拱起 板端切割 1
1	人工	工日	1001001	6.3
2	石油沥青	t	3001001	0.032
3	中(粗)砂	m³	5503005	0.46
4	其他材料费	元	7801001	13.9
5	电动混凝土切缝机	台班	8003085	3.99
6	基价	元	9999001	1744

2-34 水泥路面压浆

工程内容 1)钻孔;2)配料、运料、拌和;3)压浆、清理场地。

单位:100m²

序号	项目	单位	代号	底板脱空形 1	底板抬高形 2
1	人工	工日	1001001	3.65	3.75
2	M30 水泥砂浆	m³	1501008	(3.19)	(4.43)
3	32.5 级水泥	t	5509001	1.95	2.71
4	水	m³	3005004	5.0	7.0
5	中(粗)砂	m³	5503005	3.158	4.386
6	其他材料费	元	7801001	13.5	13.5
7	200L 以内灰浆搅拌机	台班	8005009	0.35	0.35
8	生产率50L/min 压浆机(含拌浆机)	台班	8005083	0.41	0.41
9	6t 以内自卸汽车	台班	8007013	0.29	0.29
10	15kW 以内柴油发电机组	台班	8017002	0.5	0.5
11	小型机具使用费	元	8099001	162.0	162.0
12	基价	元	9999001	2288	2838

注:若砂浆消耗量与表中定额消耗量不同时,可按实际消耗量进行调整。

2-35 水泥路面铺筑

工程内容 1)清扫下承层;2)模板制作、安装、拆除、涂脱模剂;3)传力杆及补强钢筋制作安装;4)混凝土配运料、拌和运输、浇筑、捣固、真空吸水、抹平、切缝、灌注沥青胀缩缝;5)压纹、养生。

单位:表列单位

序号	项目	单位	代号	分散拌和手推车运输混凝土(100m²)		钢筋(t)
				厚20cm	每增减1cm	
				1	2	3
1	人工	工日	1001001	36.98	1.82	8.98
2	C35水泥混凝土	m³	1526094	(20.4)	(1.02)	—
3	锯材	t	4003002	0.013	0.001	—
4	HPB300钢筋	t	2001001	0.004	—	0.359
5	HRB400钢筋	t	2001002	—	—	0.666
6	20~22号铁丝	kg	2001022	—	—	5.1
7	型钢	t	2003004	0.005	—	—
8	32.5级水泥	t	5509001	8.282	0.414	—
9	石油沥青	t	3001001	0.011	—	—
10	煤	t	3005001	0.002	—	—
11	水	m³	3005004	24	1.2	—
12	中(粗)砂	m³	5503005	9.792	0.49	—

续前页

单位:表列单位

序号	项目	单位	代号	分散拌和手推车运输混凝土(100m²)		钢筋(t)
				厚20cm	每增减1cm	
				1	2	3
13	路面用碎石(2cm)	m³	5505017	16.932	0.847	—
14	其他材料费	元	7801001	23.99	0.34	20.8
15	电动混凝土真空吸水机组	台班	8003079	0.348	—	—
16	电动混凝土切缝机	台班	8003085	0.346	—	—
17	250L以内强制式混凝土搅拌机	台班	8005002	1.244	0.062	—
18	小型机具使用费	元	8099001	31.87	0.81	—
19	基价	元	9999001	12936	633	5197

注:一次性挖除小于50m²(含50m²)时,人工工日和机械台班消耗量×1.5。

2-36 水泥路面纵横缝修补

工程内容 1）清除纵横缝中的裂砂、污物和旧填料；2）清洗缝、灌注沥青填缝料。

单位：100m

序号	项目	单位	代号	清、灌缝
				1
1	人工	工日	1001001	4.78
2	8~12号铁丝	kg	2001021	2.000
3	石油沥青	t	3001001	0.06
4	煤	t	3005001	0.010
5	中(粗)砂	m³	5503005	0.020
6	水	m³	3005004	0.196
7	其他材料费	元	7801001	3.79
8	小型机具使用费	元	8099001	5.548
9	基价	元	9999001	776

2-37 水泥路面刻纹、薄层表处

工程内容 薄层表处:1)凿除表面剥落或网裂、冲洗;2)涂刷黏剂;3)细石混凝土拌和、摊铺、抹面、养生。
路面刻纹:1)路面清扫;2)刻纹;3)冲洗。

单位:1000m²

序号	项目	单位	代号	薄层表处		路面刻纹
				混凝土(5cm)	增减1cm	
				1	2	3
1	人工	工日	1001001	145	29	25.75
2	C35 水泥混凝土	m³	1526094	(51.00)	(10.2)	—
3	32.5级水泥	t	5509001	22.236	4.44	—
4	水	m³	3005004	90.000	18	—
5	中(粗)砂	m³	5503005	23.460	4.69	—
6	碎石(2cm)	m³	5505012	40.800	8.16	—
7	250L以内强制式混凝土搅拌机	台班	8005002	5.700	1.14	—
8	电动混凝土刻纹机	台班	8003083	—	—	10.76
9	4000L以内洒水汽车	台班	8007040	—	—	1.03
10	基价	元	9999001	37754	7548	6238

2-38 水泥就地再生

工程内容 1)清理放线;2)水泥撒布;3)冷再生拌和;4)打点整平;5)整平碾压;6)洒水养生。

单位:1000m²

序号	项目	单位	代号	水泥剂量5.5%	
				厚度18cm	每增减1cm
				1	2
1	人工	工日	1001001	22.200	1.300
2	32.5级水泥	t	5509001	24.255	1.35
3	120kW以内自行式平地机	台班	8001058	0.480	0.027
4	20t以内振动压路机	台班	8001090	0.750	—
5	20~25t轮胎式压路机	台班	8003068	0.550	0.031
6	6000L以内洒水汽车	台班	8007041	1.250	0.069
7	450kW冷再生机	台班	8003100	0.500	0.03
8	基价	元	9999001	19586	1064

2-39 修补级配碎石路面

工程内容 1)清扫整理下承层、铺料、洒水、拌和、整型;2)碾压、找补。

单位:1000m²

序号	项目	单位	代号	人工摊铺集料						机械摊铺集料					
				机械拌和						平地机拌和					
				压实厚度8cm			每增加1cm			压实厚度8cm			每增加1cm		
				面层	基层	底基层	面层	基层	底基层	面层	基层	底基层	面层	基层	底基层
				1	2	3	4	5	6	7	8	9	10	11	12
1	人工	工日	1001001	39.76	39.98	40.59	4.03	4.03	4.18	18.03	18.14	15.62	1.57	1.57	1.32
2	黏土	m³	5501003	14.64	—	—	1.83	—	—	14.64	—	—	1.83	—	—
3	石屑	m³	5503014	49.52	55.71	—	6.19	6.96	—	49.52	55.71	—	6.19	6.96	—
4	路面用碎石(1.5cm)	m³	5505017	37.14	37.14	—	4.64	4.64	—	37.14	37.14	—	4.64	4.64	—
5	路面用碎石(3.5cm)	m³	5505019	24.76	30.95	86.66	3.1	3.87	10.83	24.76	30.95	86.66	3.1	3.87	10.83
6	路面用碎石(5cm)	m³	5505020	—	—	37.14	—	—	4.64	—	—	37.14	—	—	4.64
7	120kW以内自行式平地机	台班	8001058	—	—	—	—	—	—	1.29	1.19	1.19			
8	75kW以内履带式推土机	台班	8001002	0.31	0.31	0.31									
9	6~8t光轮压路机	台班	8001078	0.18	0.18	0.18				0.18	0.18	0.18			
10	12~15t光轮压路机	台班	8001081	1.5	1.5	1.29				1.5	1.5	1.29			
11	6000L以内洒水汽车	台班	8007041	0.3	0.3	0.3	0.04	0.04	0.04	0.3	0.3	0.3	0.04	0.04	0.04
12	基价	元	9999001	26462	28619	30825	3061	3326	3625	25406	27434	29310	2801	3067	3323

2-40 路缘石、路肩石维修与更换

工程内容　路缘石、路肩石整修和更换:1)摆放安全设施;2)清除损坏路肩石(路缘石)、清理断面;3)安装预制路肩石(路缘石)、调平、勾缝;4)开放交通。

路缘石、路肩石裂缝灌浆:1)摆放安全设施;2)清除破损断面、清理断面;3)调制水泥砂浆、勾缝、养生;4)开放交通。

单位:表列单位

序号	项目	单位	代号	路缘石、路肩石整修		路缘石、路肩石裂缝灌浆	拆除路缘石	更换	
				路肩石	路缘石			预制混凝土	安装
				100m				10m³	
				1	2	3	4	5	6
1	人工	工日	1001001	4.6	3.7	5.7	5.0	18.9	15.7
2	预制构件	m³	1517001	—	—	—	—	—	(9.32)
3	C25 水泥混凝土	m³	1526092	—	—	—	—	(10.10)	—
4	M10 水泥砂浆	m³	1501003	—	—	(0.18)	—	—	(0.68)
5	型钢	t	2003004	—	—	—	—	0.021	—
6	钢板	t	2003005	—	—	—	—	0.001	—
7	电焊条	kg	2009011	—	—	—	—	0.1	—
8	铁件	kg	2009028	—	—	—	—	1.9	—
9	32.5 级水泥	t	5509001	0.052	0.046	0.056	—	3.384	0.211
10	水	m³	3005004	1	1	1	—	16	16

续前页
单位:表列单位

序号	项目	单位	代号	路缘石、路肩石整修		路缘石、路肩石裂缝灌浆	拆除路缘石	更换	
				路肩石	路缘石			预制混凝土	安装
				100m				10m³	
				1	2	3	4	5	6
11	中(粗)砂	m³	5503005	0.42	0.38	0.19	—	4.85	0.73
12	碎石(4cm)	m³	5505013	—	—	—	—	8.38	—
13	其他材料费	元	7801001	11.0	11.0	12.7	2.6	30.8	—
14	500L以内强制式混凝土搅拌机	台班	8005004	—	—	—	—	0.37	—
15	3t以内载货汽车	台班	8007002	0.12	0.10	0.15	—	—	0.40
16	32kV·A交流电弧焊机	台班	8015028	—	—	—	—	0.03	—
17	小型机具使用费	元	8099001	—	—	—	—	2.3	—
18	基价	元	9999001	665	550	745	530	6233	2140

2-41 中央分隔带加固

工程内容 填土:1)挂线;2)人工填土压实;3)边缘整修。
土工布:剪切土工布、铺设、压实。
现浇及预制混凝土:1)模板制作、安装、拆除、修理、涂脱模剂,混凝土配运料;2)拌和、运输、浇筑、养生。
混凝土铺砌:刨槽、灰土垫层拌和、摊铺、夯实、安砌混凝土。

单位:表列单位

序号	项目	单位	代号	填土 100m³	土工布 100m²	现浇混凝土 10m³	预制、铺砌混凝土 10m³
				1	2	3	4
1	人工	工日	1001001	21.8	4.1	15.4	34.9
2	C25 水泥混凝土	m³	1526092	—	—	—	(10.10)
3	C30 水泥混凝土	m³	1526093	—	—	(10.20)	—
4	M10 水泥砂浆	m³	1501003	—	—	—	(1.69)
5	锯材	m³	4003002	—	—	0.049	—
6	型钢	t	2003004	—	—	0.007	0.027
7	钢板	t	2003005	—	—	—	0.003
8	电焊条	kg	2009011	—	—	—	0.4
9	铁件	kg	2009028	—	—	—	2.9
10	土工布	m²	5007001	—	108.2	—	—
11	32.5 级水泥	t	5509001	—	—	3.845	3.909

续前页
单位:表列单位

序号	项目	单位	代号	填土 100m³	土工布 100m²	现浇混凝土 10m³	预制、铺砌混凝土 10m³
				1	2	3	4
12	水	m³	3005004	—	—	18	16
13	土	m³	5501002	116.00	—	—	—
14	中(粗)砂	m³	5503005	—	—	4.692	6.656
15	片石	m³	5505005	—	—	—	—
16	碎石(4cm)	m³	5505013	—	—	8.47	8.38
17	碎石(6cm)	m³	5505014	—	—	—	—
18	草皮	m³	4013002	—	—	—	—
19	其他材料费	元	7801001	—	—	6.6	26.9
20	0.6t以内手扶式振动碾	台班	8001085	3.25	—	—	—
21	500L以内混凝土搅拌机	台班	8005004	—	—	0.32	0.32
22	3t以内载货汽车	台班	8007002	—	0.10	0.36	0.49
23	32kV·A交流电弧焊机	台班	8015028	—	—	—	0.07
24	小型机具使用费	元	8099001	—	—	15.3	5.4
25	基价	元	9999001	3411	855	6163	8743

第三章 桥涵工程

说　明

（1）桥面伸缩缝拆除需用的氧气、电石已整合到其他材料费中，焊枪列入小型机具使用费中。

（2）桥梁支座涂油作业如发生在水上，租船费用另行计算。

（3）修理加固墩台定额，如水深超过0.5m以上需要筑岛围堰时，参照《公路工程预算定额》中的筑岛围堰项目。

（4）砌筑工程部分的砌体勾缝的工料已计入定额中。

（5）本章定额中，模板工程不单列项目，其周转摊销量已整合在定额中。

（6）本章定额中，定额单位以定额表列单位为准，体积单位均指实体体积，钢筋混凝土工程不扣除钢筋所占体积，但不包括其中空心部分的体积。

（7）脚手架安拆费用另计。

3-1 桥面伸缩缝更换

工程内容 1)清除缝内废料、杂物;2)凿除损坏部位、清除缝内垃圾;3)伸缩缝制作、安装;4)沥青或水泥混凝土灌注及场地清理。

单位:表列单位

序号	项目	单位	代号	钢板伸缩缝	板式橡胶伸缩缝	橡胶条伸缩缝	沥青伸缩缝	拆除模数式伸缩缝			安装模数式伸缩缝			预留槽钢筋	预留槽混凝土
								伸缩量80mm	伸缩量160mm	伸缩量240mm	伸缩量80mm	伸缩量160mm	伸缩量240mm		
				10m										1t	10m³实体
				1	2	3	4	5	6	7	8	9	10	11	12
1	人工	工日	1001001	39.05	16.45	14.56	0.75	13.4	15.0	18.6	4.9	5.4	7.3	14.5	37.1
2	C40 水泥混凝土	m³	1526095	—	(1.000)	—	—	—	—	—	—	—	—	—	—
3	C50 水泥混凝土	m³	1526096	—	—	—	—	—	—	—	—	—	—	—	(10.20)
4	HPB300 钢筋	t	2001001	0.030	0.110	0.040	—	—	—	—	—	—	—	0.156	—
5	HRB400 钢筋	t	2001002	—	—	—	—	—	—	—	—	—	—	0.869	—
6	型钢	t	2003004	0.260	—	0.100	—	—	—	—	—	—	—	—	—
7	钢板	t	2003005	0.250	—	0.050	—	—	—	—	—	—	—	—	—
8	钢纤维	t	2001020	—	—	—	—	—	—	—	—	—	—	—	0.053
9	电焊条	kg	2009011	14.000	11.000	7.000	—	—	—	—	—	—	—	4.5	—
10	模数式伸缩装置80型	m	6003001	—	—	—	—	—	—	—	10.2	—	—	—	—
11	模数式伸缩装置160型	m	6003003	—	—	—	—	—	—	—	—	10.2	—	—	—

续前页 单位:表列单位

序号	项目	单位	代号	钢板伸缩缝	板式橡胶伸缩缝	橡胶条伸缩缝	沥青伸缩缝	拆除模数式伸缩缝 伸缩量 80mm	拆除模数式伸缩缝 伸缩量 160mm	拆除模数式伸缩缝 伸缩量 240mm	安装模数式伸缩缝 伸缩量 80mm	安装模数式伸缩缝 伸缩量 160mm	安装模数式伸缩缝 伸缩量 240mm	预留槽钢筋	预留槽混凝土
				\multicolumn{10}{c}{10m}	1t	10m³实体
				1	2	3	4	5	6	7	8	9	10	11	12
12	模数式伸缩装置240型	m	6003004	—	—	—	—	—	—	—	—	—	10.2	—	—
13	铁皮	m²	2003044	1.000	—	5.000	—	—	—	—	—	—	—	—	—
14	铁件	kg	2009028	—	15.000	—	—	—	—	—	—	—	—	—	—
15	20~22号铁丝	kg	2001022	—	—	—	—	—	—	—	—	—	—	4.3	—
16	32.5级水泥	t	5509001	—	0.480	—	—	—	—	—	—	—	—	—	—
17	42.5级水泥	t	5509002	—	—	—	—	—	—	—	—	—	—	—	5.600
18	碎石(2cm)	m³	5505012	—	0.800	—	—	—	—	—	—	—	—	—	7.650
19	中(粗)砂	m³	5503005	—	0.500	—	—	—	—	—	—	—	—	—	4.488
20	水	m³	3005004	—	—	—	—	—	—	—	—	—	—	—	15
21	板式橡胶伸缩缝	m	6003010	—	10.000	—	—	—	—	—	—	—	—	—	—
22	橡胶条	kg	5001004	—	—	33.000	—	—	—	—	—	—	—	—	—
23	石油沥青	t	3001001	0.020	—	0.020	0.298	—	—	—	—	—	—	—	—
24	其他材料费	元	7801001	51.00	53.00	15.00	26.13	121.2	121.2	121.2	85.6	85.6	85.6	1.0	2.0
25	电动混凝土切缝机	台班	8003085	—	—	—	—	0.25	0.30	0.40	—	—	—	—	—

续前页
单位:表列单位

序号	项目	单位	代号	钢板伸缩缝	板式橡胶伸缩缝	橡胶条伸缩缝	沥青伸缩缝	拆除模数式伸缩缝			安装模数式伸缩缝			预留槽钢筋	预留槽混凝土
								伸缩量 80mm	伸缩量 160mm	伸缩量 240mm	伸缩量 80mm	伸缩量 160mm	伸缩量 240mm		
				10m										1t	10m³ 实体
				1	2	3	4	5	6	7	8	9	10	11	12
26	500L 以内混凝土搅拌机	台班	8005004	—	—	—	—	—	—	—	—	—	—	—	0.25
27	2t 以内载货汽车	台班	8007001	—	—	—	—	0.50	0.60	0.80	0.10	0.10	0.15	—	—
28	12t 以内汽车式起重机	台班	8009029	—	—	—	—	0.52	0.58	0.62	0.45	0.50	0.55	—	—
29	32kV·A 交流电弧焊机	台班	8015028	—	—	—	—	—	—	—	—	—	—	1.01	—
30	3m³/min 以内电动空气压缩机	台班	8017042	—	—	—	—	1.63	2.53	3.29	0.45	0.45	0.45	—	—
31	3kW 以内电动手持冲击钻	台班	8011086	—	—	—	—	—	—	—	—	—	—	1.0	—
32	电焊机(500A)	台班	7701023	3.470	5.610	2.800	—	—	—	—	—	—	—	—	—
33	气割设备	台班	8026017	4.780	—	—	—	—	—	—	—	—	—	—	—
34	小型机具使用费	元	8099001	—	42.05	—	—	51.6	51.6	51.6	34.3	34.3	34.3	39.4	5.0
35	基价	元	9999001	6972	5837	2815	1262	2748	3204	3868	3541	14659	28208	6176	9125

注:水泥混凝土及其废料运输参照相关定额另计。

3－2 疏通桥面泄水孔

工程内容 清除垃圾杂物、洗刷、疏通、涂沥青。

单位:10 个

序号	项目	单位	代号	疏通泄水孔
				1
1	人工	工日	1001001	0.38
2	石油沥青	t	3001001	0.025
3	其他材料费	元	7801001	10.45
4	基价	元	9999001	148

注:如不需要涂石油沥青防水层,则扣除定额中石油沥青消耗量。

3-3 桥面铺装层维修

工程内容 桥面铺装层修补:1)施工准备;2)刨除、切边;3)刷沥青、拌和、铺装、找平、场地清理、养生。
桥面裂缝修补:1)划定裂缝修补范围;2)沿缝口凿成V形;3)清洁修补部分;4)拌制环氧浆液、补缝;5)场内运输;6)清理场地、养生。

单位:表列单位

序号	项目	单位	代号	桥面铺装层修补(10m³)			
				沥青混合料	水泥混凝土	钢纤维混凝土	桥面铺装钢筋
				1	2	3	4
				10m³	10m³	10m³	t
1	人工	工日	1001001	12.76	30.75	31.50	12.7
2	C25水泥混凝土	m³	1526092	—	(10.20)	—	—
3	C30水泥混凝土	m³	1526093	—	—	(10.20)	—
4	锯材	m³	4003002	—	0.028	0.028	—
5	HRB400钢筋	t	2001002	—	—	—	1.025
6	电焊条	kg	2009011	—	—	—	6.8
7	20~22号铁丝	kg	2001022	—	—	—	3.2
8	32.5级水泥	t	5509001	—	3.244	3.720	—
9	水	m³	3005004	—	15.000	22.500	—
10	石油沥青	t	3001001	1.728	—	—	—

续前页 单位：表列单位

序号	项目	单位	代号	桥面铺装层修补（10m³）			
				沥青混合料	水泥混凝土	钢纤维混凝土	桥面铺装钢筋
				1	2	3	4
				10m³	10m³	10m³	t
11	矿粉	t	5503013	1.668	—	—	—
12	钢纤维	t	2001020	—	—	0.364	—
13	中(粗)砂	m³	5503005	6.600	5.100	6.000	—
14	碎石(2cm)	m³	5505012	—	8.874	7.200	—
15	石屑	m³	5503014	8.630	—	—	—
16	环氧树脂	kg	5009009	—	—	0.810	—
17	固化剂	kg	5026014	—	—	0.330	—
18	丙酮	kg	5009023	—	—	0.210	—
19	其他材料费	元	7801001	20.80	6.40	—	—
20	6~8t 光轮压路机	台班	8001078	0.89	—	—	—
21	32kV·A 交流电弧焊机	台班	8015028	—	—	—	3.43
22	小型机具使用费	元	8099001	57.24	64.65	64.65	25.2
23	基价	元	9999001	11846	7484	9636	6326

注：当桥面铺装量大于50m³时参考部颁定额。

3-4 T形梁体外预应力加固

工程内容 1)锚固块成品提前加工;2)锚固块定位、在安装处打磨粘贴面;3)螺栓钻孔、锚固块安装就位、四周封胶、锚固埝与混凝土间隙;4)注胶、体外索穿束、预应力张拉、锚固块端部封锚。

单位:1t

序号	项目	单位	代号	锚固块安装 1t	张拉钢绞线 1t
				1	2
1	人工	工日	1001001	21.100	20.000
2	体外预应力成品索	t	2026037	—	1.04
3	钢板	t	2003005	1.100	—
4	电焊条	kg	2009011	4.400	—
5	螺栓	kg	2009013	83.500	—
6	钢绞线群锚(3孔)	套	6005005	—	21.050
7	封钢锚固块缝结构胶	kg	5026038	28.360	—
8	灌注液体结构胶	kg	5026039	141.790	—
9	其他材料费	元	7801001	—	63.16
10	油泵、千斤顶各1钢绞线拉伸设备	台班	8005078	—	7.89
11	42kV·A交流电弧焊机	台班	8015029	4.800	—
12	0.3m³/min以内电动空气压缩机	台班	8017039	0.700	—
13	小型机具使用费	元	8099001	227.100	99.1
14	基价	元	9999001	15666	21256

3-5 桥梁上部结构表层缺陷清除

工程内容 1)人工、机械凿除或高压泵射水清除损坏混凝土,收放管线,更换钻头,凿毛混凝土表面,吹净,人工补凿个别部位,清理现场;2)人工风镐凿毛混凝土表面,收放管线,更换钻头,人工补凿个别部位,清理现场。

单位:10m²

序号	项目	单位	代号	人工凿除		机械凿除		高压射水清除		凿毛		吹净	
				凿(清)除表层厚度(cm)						人工	机械	压缩空气	高压射水
				1.0以内	±0.5	2.0以内	±0.5	1.0以内	±0.5				
				1	2	3	4	5	6	7	8	9	10
1	人工	工日	1001001	6.7	1.4	1.6	0.3	3.1	0.7	4.4	1.1	0.2	0.3
2	手持式风动凿岩机	台班	8001102	—	—	1.27	0.27	—	—	—	0.88	—	—
3	φ50mm以内电动单级离心式清水泵	台班	8013001	—	—	—	—	2.49	0.53	—	—	—	0.2
4	0.3m³/min以内电动空气压缩机	台班	8017039	0.18	—	—	—	—	—	—	—	0.14	—
5	3m³/min以内机动空气压缩机	台班	8017047	—	—	0.64	0.13	—	—	—	0.44	—	—
6	小型机具使用费	元	8099001	7.8	1.8	10.2	2.2	7.8	1.7	6.6	8.4	4.7	7.9
7	基价	元	9999001	720	150	388	76	432	96	471	268	30	47

注:1. 人工凿除法一般适用于桥梁浅层或面积较小的损坏;风镐凿除法一般适用于损坏面积较大且有一定深度的缺陷(如内部蜂窝、空洞缺陷);高压射水清除法一般适用于浅层面积较大的缺陷。
    2. 人工凿除的损坏处面积不足0.1m²的,应按0.1m²计算。
    3. 本定额是指桥梁的梁(板、拱)等结构表层的缺陷清除,不适用于桥梁铺装机桥梁附属结构的缺陷清除。
    4. 表面凿毛、吹净定额不能与表层清除定额同时套用。

3-6 封闭桥梁上部结构裂缝

工程内容 封涂:1)裂缝附近混凝土凿毛、洗刷、湿润、涂刷水泥浆底层,水泥砂浆配运料、拌和、运输、涂抹、压刮及养生;2)裂缝上口凿V形槽,缝口凿毛、刮刷、缝内灰尘吹清,混凝土表面吹干,表面油污擦洗,环氧胶液配置,涂刷胶液,环氧砂浆配运料、拌和、运输、涂抹、压刮及养生;3)裂缝口凿毛、刮刷、缝内灰尘吹清,混凝土表面丙酮清洗,吹干,成品密封胶涂抹、压刮及养生。

灌浆:1)裂缝检查,孔位定眼,钻孔,清孔,风干,封缝,压水(气)检查通畅效果,止浆堵漏,水泥浆配置、拌和、运输、机械灌注,养生;2)裂缝检查,画线,凿、刷,整平,清洗,压浆嘴清洗、压贴,环氧胶泥密封封缝,压气(水)检查,配置调浆液,空气压灌,养生;3)裂缝检查,画线,凿、刷,整平,清洗,注浆嘴清洗、压贴,专用密封胶密封封缝,压气(水)检查,注浆器注入灌注胶,养生。

单位:10m

序号	项目	单位	代号	封 涂			灌 浆			
							灌浆机灌注	空气压力灌注		注浆器注入
				水泥砂浆	环氧砂浆	密封胶	水泥浆	环氧树脂	甲基丙烯酸甲酯(甲凝)	灌注胶
							裂缝宽度(mm)			
				厚1~2cm、宽2~5mm	V形槽	胶厚≤2mm、宽≤5mm	δ≤3.0	δ≤0.5	δ≤0.3	δ≤0.5
				1	2	3	4	5	6	7
1	人工	工日	1001001	19.8	24.3	22.9	32.5	31.8	29.6	27.5
2	水泥浆(42.5)	m³	1501022	—	—	—	(0.02)	—	—	—

续前页

单位：10m

序号	项目	单位	代号	封 涂			灌 浆			
				水泥砂浆	环氧砂浆	密封胶	灌浆机灌注		空气压力灌注	注浆器注入
							水泥浆	环氧树脂	甲基丙烯酸甲酯(甲凝)	灌注胶
							裂缝宽度（mm）			
				厚1~2cm、宽2~5mm	V形槽	胶厚≤2mm、宽≤5mm	$\delta \leq 3.0$	$\delta \leq 0.5$	$\delta \leq 0.3$	$\varepsilon \leq 0.5$
				1	2	3	4	5	6	7
3	M30水泥砂浆	m³	1501008	(0.15)	—	—	—	—	—	—
4	环氧砂浆	m³	1526069	—	(0.01)	—	—	—	—	—
5	环氧胶泥	m³	5026019	—	—	—	(0.017)	(0.0017)	(0.0017)	—
6	环氧胶液	kg	5026018	—	—	—	—	(2.3)	—	—
7	甲基丙烯酸甲酯浆液	kg	5026020	—	—	—	—	—	(1.38)	—
8	灌浆嘴	个	6009011	—	—	—	200	—	—	—
9	压浆嘴	个	2026024	—	—	—	—	30	30	—
10	注浆嘴	个	2026025	—	—	—	—	—	—	40
11	注浆器	个	2026026	—	—	—	—	—	—	1
12	环氧树脂(E44)	kg	5009009	—	3.022	—	—	3.06	—	—
13	乙二胺(EDA)	kg	5026023	—	0.453	—	—	0.196	—	—
14	二丁酯	kg	5026024	—	0.604	—	—	0.392	—	—

续前页

单位:10m

序号	项目	单位	代号	封涂			灌浆			
				水泥砂浆	环氧砂浆	密封胶	灌浆机灌注	空气压力灌注		注浆器注入
							水泥浆	环氧树脂	甲基丙烯酸甲酯(甲凝)	灌缝胶
							裂缝宽度（mm）			
				厚1~2cm、宽2~5mm	V形槽	胶厚≤2mm、宽≤5mm	δ≤3.0	δ≤0.5	δ≤0.3	δ≤0.5
				1	2	3	4	5	6	7
15	丙酮	kg	5009023	—	0.453	—	—	0.196	—	—
16	甲基丙烯酸甲酯	kg	5026025	—	—	—	—	—	1.38	—
17	密封胶	kg	5001767	—	—	21.25	—	—	—	1.178
18	灌缝胶	kg	5001439	—	—	—	—	—	—	2.3
19	42.5级水泥	t	5509002	0.093	0.007	—	0.028	0.001	0.001	—
20	水	m³	3005004	1	1		0.1			
21	中(粗)砂	m³	5503005	0.15	0.006					
22	其他材料费	元	7801001	2.4	18.6	7.2	1.2	7.8	6.8	16
23	3kW以内电动手持冲击钻	台班	8011086	—	—	—	8.38	1.68	1.68	1.68
24	100L以内低速搅拌器	台班	8011080	—	0.15	—	0.37	0.04	0.04	
25	风动灌浆机	台班	8005018				0.74			
26	0.3m³/min以内电动空气压缩机	台班	8017039	2.15	2.15	2.15	0.7	0.07	0.07	0.07

续前页

单位：10m

序号	项目	单位	代号	封涂			灌浆			
				水泥砂浆	环氧砂浆	密封胶	灌浆机灌注		空气压力灌注	注浆器注入
							水泥浆	环氧树脂	甲基丙烯酸甲酯(甲凝)	灌注胶
							裂缝宽度（mm）			
				厚1~2cm，宽2~5mm	V形槽	胶厚≤2mm，宽≤5mm	$\delta \leq 3.0$	$\delta \leq 0.5$	$\delta \leq 0.3$	$\delta \leq 0.5$
				1	2	3	4	5	6	7
27	$3m^3/min$ 以内机动空气压缩机	台班	8017047	—	—	—	—	0.42	0.42	—
28	小型机具使用费	元	8099001	16.2	20.4	18	3	3	3	3.6
29	基价	元	9999001	2247	2760	3186	5279	3861	3593	3465

注：1. 环氧胶液质量配合比为：环氧树脂：乙二胺：二丁酯：丙酮 = 100:15:20:15，实际不同时，可调整。环氧砂浆质量配合比为：环氧树脂浆（胶）液：水泥：中砂 = 10:15:20，实际不同时，可调整。
  2. 水泥砂浆涂抹按一次涂抹计算，需分层涂抹时，人工工日和小型机具使用费乘以涂抹遍数。
  3. 环氧砂浆定额V形槽按槽口宽10~20mm、槽深5mm计算；专用密封胶定额按涂抹厚2mm、宽度5mm计算，不同时，可调整。
  4. 本定额封涂用专用密封胶名称为为统称，实际采用专用规格的材料时，可调整（下同）。
  5. 环氧胶泥质量配合比为：环氧树脂：乙二胺：二丁酯：丙酮：水泥 = 100:15:30:15:70，实际不同时，可调整。甲基丙烯酸甲酯（甲凝）在定额中只列入主剂用量，过氧化苯甲酰、二甲基苯胺、对甲苯亚磺酸、焦性没食子酸等外加剂已在其他材料费中计费。
  6. 本定额水泥浆灌浆、环氧树脂、甲基丙烯酸甲酯（甲凝）灌注按采用了环氧胶泥封缝堵漏考虑，采用水泥砂浆、环氧砂浆或麻面条等材料时，将环氧胶泥配比中各材料调整为0，换成实际使用的材料，但人工、机械消耗保持不变。
  7. 本定额灌浆裂缝宽分别按灌水泥浆$\delta = 3.0mm$、压注环氧树脂$\delta = 0.5mm$、压注甲凝$\delta = 0.3mm$、注入灌注胶$\delta = 0.5mm$计算，深度均按10cm计算，实际不同时，可调整。
  8. 本定额灌浆用灌注胶名称为统称，实际采用专用规格的材料时，可调整（下同）。

3-7 桥梁主体结构表层缺陷修补

工程内容 现浇修补缺陷:1)钢模板安装、拆除、修理、涂脱模剂、堆放;2)环氧胶液配置、外漏钢筋除锈、混凝土和钢筋表面涂刷环氧胶液(涂界面胶);3)混凝土或环氧混凝土配运料、人工拌和、运输、浇筑、捣固及养生;4)清理现场。

涂抹修补缺陷:1)水泥砂浆配运料、人工拌和、运输、涂抹、压刮及养生;2)环氧胶液配置、外漏钢筋除锈、混凝土和钢筋表面涂刷环氧胶液(涂界面胶);3)环氧砂浆或环氧混凝土配运料、人工拌和、运输、涂抹、压刮及养生;4)清理现场。

单位:10m³

序号	项目	单位	代号	现浇修补缺陷					
				普通混凝土修补				环氧混凝土修补	
				浇筑混凝土		涂结合胶液浇筑混凝土			
				无模板	有模板	无模板	有模板	无模板	有模板
				1	2	3	4	5	6
1	人工	工日	1001001	52.00	82.00	58.00	89.00	64.00	95.00
2	C5C 水泥混凝土	m³	1526096	(11.00)	(11.00)	(11.00)	(11.00)	—	—
3	环氧胶液	kg	5026018	—	—	(200.0)	(200.0)	(4013.0)	(4013.0)
4	环氧混凝土	m³	1526070	—	—	—	—	(11.00)	(11.00)
5	原木	m³	4003001	—	0.060	—	0.060	—	0.050
6	锯材	m³	4003002	—	0.280	—	0.280	—	0.230
7	型钢	t	2003004	—	0.060	—	0.060	—	0.050
8	钢管	t	2003008	—	0.004	—	0.004	—	0.004
9	钢模板	t	2003025	—	0.220	—	0.220	—	0.220
10	铁件	kg	2009028	—	62.400	—	62.400	—	62.400
11	环氧树脂(E44)	kg	5009009	—	—	136.000	136.000	2675.300	2675.300

续前页

单位：10m³

序号	项目	单位	代号	现浇修补缺陷					
				普通混凝土修补				环氧混凝土修补	
				浇筑混凝土		涂结合胶液浇筑混凝土			
				无模板	有模板	无模板	有模板	无模板	有模板
				1	2	3	4	5	6
12	乙二胺（EDA）	kg	5026023	—	—	20.400	20.400	401.300	401.300
13	二丁酯	kg	5026024	—	—	27.200	27.200	535.070	535.070
14	丙酮	kg	5009023	—	—	20.400	20.400	401.300	401.300
15	42.5级水泥	t	5509002	6.340	6.340	6.340	6.340	5.610	5.610
16	水	m³	3005004	15.00	15.00	15.00	15.00	15.00	15.00
17	中（粗）砂	m³	5503005	4.80	4.80	4.80	4.80	5.00	5.00
18	碎石(2cm)	m³	5505012	8.70	8.70	8.70	8.70	7.80	7.80
19	其他材料费	元	7801001	65.00	105.00	120.00	160.00	250.00	250.00
20	100L以内低速搅拌器	台班	8011080	—	—	2.70	2.70	2.7	2.7
21	小型机具使用费	元	8099001	420.00	—	420.00	—	420.00	—
22	基价	元	9999001	11392	16439	15365	20517	70692	75805

注：1. 涂刷环氧胶液保证新旧混凝土的良好黏结，本定额按每1m³混凝土体积消耗20kg环氧胶液（场内运输、操作损耗率按6%计），实际不同时，可调整。

2. 环氧胶液质量配合比为：环氧树脂：乙二胺：二丁酯：丙酮=100:15:20:15计算，可调整。环氧混凝土质量配合比为：环氧树脂浆（胶）液：水泥：中粗砂：碎石=10:15:20:30，实际不同时，可调整。

3. 本定额未包含新修补混凝土与旧混凝土接缝表面封闭处理消耗，需处理时，另按封闭混凝土结构裂缝定额计算。

4. 现浇修补法一般适用于体积相对较大缺陷（如：蜂窝、空洞、破损、剥落等）的修补，涂抹修补法一般适用于体积相对较小缺陷（如：风化、磨损、麻面、漏筋等）的修补，实际应用应按设计方案或施工方法具体确定。

续前页

单位：10m²

序号	项目	单位	代号	涂抹修补缺陷					
				人工涂抹水泥砂浆				喷射水泥砂浆	
				厚2cm		±1cm		厚2cm	±1cm
				平抹	立、仰抹	平抹	立、仰抹	立、仰喷	立、仰喷
				7	8	9	10	11	12
1	人工	工日	1001001	0.80	1.00	0.30	0.40	1.00	0.50
2	M30水泥砂浆	m³	1501008	(0.27)	(0.29)	(0.135)	(0.145)	(0.30)	(0.15)
3	32.5级水泥	t	5509001	0.165	0.177	0.083	0.089	0.184	0.092
4	水	m³	3005004	2.00	2.00	1.00	1.00	2.00	1.00
5	中(粗)砂	m³	5503005	0.27	0.29	0.13	0.14	0.30	0.15
6	其他材料费	元	7801001	6.00	6.00	2.40	2.40	7.80	3.00
7	200L以内灰浆搅拌机	台班	8005009	—	—	—	—	0.04	0.02
8	水泥喷枪	台班	8005017	—	—	—	—	0.07	0.04
9	9m³/min以内机动空气压缩机	台班	8017049	—	—	—	—	0.03	0.01
10	小型机具使用费	元	8099001					2.40	1.20
11	基价	元	9999001	216	246	96	111	290	141

续前页

单位：10m³

序号	项目	单位	代号	涂抹修补缺陷							
				人工涂抹环氧砂浆				人工涂抹环氧混凝土			
				厚10mm		±1mm		厚10mm		±1mm	
				平抹	立、仰抹	平抹	立、仰抹	平抹	立、仰抹	平抹	立、仰抹
				13	14	15	16	17	18	19	20
1	人工	工日	1001001	0.90	1.10	0.40	0.50	0.90	1.10	0.40	0.50
2	环氧胶液	kg	5026018	(62.4)	(67.02)	(6.24)	(6.702)	(46.8)	(50.27)	(46.8)	(5.027)
3	环氧砂浆	m³	1526069	(0.135)	(0.145)	(0.0675)	(0.0725)	—	—	—	—
4	环氧混凝土	m³	1526070	—	—	—	—	(0.135)	(0.145)	(0.0675)	(0.0725)
5	环氧树脂（E44）	kg	5009009	44.324	47.467	4.432	4.747	30.600	32.867	3.060	3.287
6	乙二胺（EDA）	kg	5026023	6.649	7.120	0.665	0.712	4.590	4.930	0.459	0.493
7	二丁酯	kg	5026024	8.865	9.494	0.887	0.949	6.120	6.570	0.612	0.657
8	丙酮	kg	5009023	6.649	7.120	0.665	0.712	4.590	4.930	0.459	0.493
9	42.5级水泥	t	5509002	0.092	0.099	0.009	0.010	0.028	0.030	0.003	0.003
10	水	m³	3005004	1.00	1.00	—	—	1.00	1.00	—	—
11	中（粗）砂	m³	5503005	0.082	0.088	0.008	0.009	0.025	0.026	0.003	0.003
12	碎石（1cm）	m³	5526006	—	—	—	—	0.037	0.004	0.004	0.004
13	其他材料费	元	7801001	7.20	10.20	—	—	6.00	9.00	—	—
14	100L以内低速搅拌器	台班	8011080	3.99	4.29	1.58	1.70	1.39	1.49	0.38	0.41

续前页

单位：10m³

序号	项目	单位	代号	涂抹修补缺陷							
				人工涂抹环氧砂浆				人工涂抹环氧混凝土			
				厚10mm		±1mm		厚10mm		±1mm	
				平抹	立、仰抹	平抹	立、仰抹	平抹	立、仰抹	平抹	立、仰抹
				13	14	15	16	17	18	19	20
15	小型机具使用费	元	8099001	4.20	5.40	—	—	4.20	5.40	—	—
16	基价	元	9999001	1627	1763	342	375	972	1053	159	178

注：1. 环氧胶液质量配合比为：环氧树脂：乙二胺：二丁酯：丙酮＝100：15：20：15 计算，实际不同时，可调整。环氧砂浆质量配合比为：环氧树脂浆(胶)液：水泥：中砂＝10：15：20，实际不同时，可调整。环氧混凝土质量配合比为：环氧树脂浆(胶)液：水泥：中砂：碎石＝10：15：20：30，实际不同时，可调整。

2. 本定额适用于修补厚度一般≤3cm 的表层损坏。新、旧混凝土表面接缝的封闭，需另按封闭混凝土结构裂缝定额计算。

3-8 桥梁顶升

工程内容 1)施工准备;2)顶梁设施安装;3)试顶加载、同步整体顶升;4)支承梁体、梁体回落。

单位:1 处

序号	项目	单位	代号	梁板顶升		
				矩形板、空心板	T形梁	连续梁顶升
				1	2	3
1	人工	工日	1001001	22	16	20
2	钢板	t	2003005	0.09	0.09	0.25
3	其他材料费	元	7801001	168.5	168.5	175.5
4	100t 以内液压千斤顶	台班	8009150	24	—	—
5	200t 以内液压千斤顶	台班	8009151	—	8	10
6	50kW 以内柴油发电机	台班	8017004	2.4	2.4	2.4
7	小型机具使用费	元	8099001	167.3	167.3	167.3
8	桥梁同步顶升总控设备	台班	8026050	2.4	2.4	2.4
9	基价	元	9999001	6032	5334	6404

注:1. 本定额未考虑支座垫石修补,如需要可按相关修补定额计算。
2. 本定额桥梁宽度按 12m 考虑,若桥梁宽度有增减,应按本定额调整人工和千斤顶消耗量,其余消耗量均不应调整。
3. 定额单位"1 处",指一个桥墩或一个桥台,在桥台施工时千斤顶数量应对半折减。
4. 本定额未含支架、吊架费用,如需要按照施工组织另行计算。

3-9 支座更换

工程内容 1)清扫灰土;2)更换支座;3)搭拆脚手架;4)立柱绑扎等。

单位:表列单位

序号	项目	单位	代号	板式橡胶支座 10dm³	四氟板式橡胶支座 10dm³	脚手架 10m²立面
				1	2	3
1	人工	工日	1001001	13.00	11.00	9.50
2	原木	m³	4003001	—	—	0.300
3	锯材	m³	4003002	—	—	0.051
4	HPB300 钢筋	t	2001001	—	0.010	—
5	钢板	t	2003005	—	0.110	—
6	电焊条	kg	2009011	—	1.000	—
7	四氟板式橡胶组合支座	dm³	6001002	—	10.000	—
8	板式橡胶支座	dm³	6001003	10.00	—	—
9	铁钉	kg	2009030	—	—	0.476
10	8~12号铁丝	kg	2001021	—	—	23.330
11	油毛毡	m²	5009012	10.00	—	—
12	其他材料费	元	7801001	6.40	17.00	11.80
13	32kV·A交流电弧焊机	台班	8015028	—	0.200	—
14	基价	元	9999001	2211	2791	1858

3-10 维护桥梁支座

工程内容 1)橡胶支座污水清扫,墩台帽积水排除;2)清除污垢,除锈,揩擦干净,油漆调和,涂刷底漆、面漆各1遍,垫板螺栓紧固;3)清除污垢,安拆防尘罩,注黄油。

单位:表列单位

序号	项目	单位	代号	橡胶支座维护	钢支座涂油		钢支座注油
					弧型钢支座	辊轴钢支座	
				10个	10个	10个	10个
				1	2	3	4
1	人工	工日	1001001	0.30	2.00	2.20	1.90
2	黄油	kg	5026006	—	—	—	9.26
3	油漆	kg	5009002	—	1.24	1.24	—
4	其他材料费	元	7801001	—	11.60	12.60	44.30
5	小型机具使用费	元	8099001	0.60	6.50	7.90	6.50
6	基价	元	9999001	32	253	276	303

注:需要搭拆脚手架时,另按有关定额计算。

3-11 修理加固桥墩、桥台

工程内容 1）清理破损部分、凿除洗净；2）配料、制浆、混凝土拌和；3）填补、砌筑；4）勾缝、养生。

单位：10m³

序号	项目	单位	代号	浆砌片石桥台基础	浆砌片石桥台台身	浆砌块石桥台基础	浆砌块石桥台台身
				1	2	3	4
1	人工	工日	1001001	24.17	26.35	14.64	15.96
2	M5 水泥砂浆	m³	1501001	—	(3.5)	—	(2.7)
3	M7.5 水泥砂浆	m³	1501002	—	—	—	—
4	M10 水泥砂浆	m³	1501003	(3.5)	(0.006)	(2.7)	(0.04)
5	原木	m³	4003001	—	0.034	—	0.098
6	锯材	m³	4003002	—	0.017	—	0.046
7	铁钉	kg	2009030	—	0.1	—	0.04
8	8~12 号铁丝	kg	2001021	—	3	—	3
9	32.5 级水泥	t	5509001	1.068	0.757	0.821	0.582
10	水	m³	3005004	6	11	4	8
11	中(粗)砂	m³	5503005	3.85	4.02	2.97	3.1
12	片石	m³	5505005	11.5	11.5	—	—
13	块石	m³	5505025	—	—	11.5	11.5
14	其他材料费	元	7801001	0.9	0.9	1.167	1.167
15	小型机具使用费	元	8099001	5.3	5.58	—	—
16	定额基价	元	9999001	5562	5874	4261	4667

3-12 修补浆砌墩台、基础表面

工程内容 1)清理破损部分、凿毛、清除尘土;2)砂浆的配运料、砌筑;3)勾缝、养生。

单位:表列单位

序号	项目	单位	代号	填补表面石			
				基础	墩、台身		
				片石	片石	块石	粗料石
				10m³	10m³	10m³	10m³
				1	2	3	4
1	人工	工日	1001001	10.8	16.7	18.7	20.9
2	M10水泥砂浆	m³	1501003	(3.50)	(3.67)	(2.80)	(2.09)
3	原木	m³	4003001	—	0.10	0.10	0.09
4	锯材	m³	4003002	—	0.05	0.05	0.04
5	铁钉	kg	2009030	—	0.45	0.45	0.39
6	8~12号铁丝	kg	2001021	—	8.30	8.30	7.50
7	32.5级水泥	t	5509001	1.09	1.14	0.87	0.65
8	水	m³	3005004	4.00	10.00	10.00	11.00
9	中(粗)砂	m³	5503005	3.75	3.93	3.00	2.24
10	片石	m³	5505005	11.50	11.50	—	—
11	块石	m³	5505025	—	—	10.50	—
12	粗料石	m³	5505029	—	—	—	9.00
13	其他材料费	元	7801001	1.60	3.10	3.10	3.10
14	基价	元	9999001	4121	5186	4945	3732

3-13 水泥砂浆勾缝及抹面

工程内容 1)剔缝、清扫、洗刷;2)配、拌、运砂浆;3)勾缝、抹平、养生。

单位:10m²

序号	项目	单位	代号	水泥砂浆勾缝								水泥砂浆抹面
				平凹缝				凸缝				
				片石	块石	料石及混凝土预制块	砖体	片石	块石	料石及混凝土预制块	砖体	厚2cm
				1	2	3	4	5	6	7	8	9
1	人工	工日	1001001	1.39	1.33	1.17	1.15	2.21	2.14	1.84	1.82	0.99
2	M10 水泥砂浆	m³	1501003	(0.09)	(0.05)	(0.04)	(0.02)	(0.12)	(0.07)	(0.05)	(0.03)	(0.26)
3	32.5级水泥	t	5509001	0.03	0.02	0.01	0.01	0.04	0.02	0.02	0.01	0.08
4	水	m³	3005004	1.40	1.40	1.40	1.40	1.40	1.40	1.40	1.40	1.50
5	中(粗)砂	m³	5503005	0.09	0.06	0.04	0.02	0.13	0.08	0.05	0.03	0.28
6	基价	元	9999001	184	167	143	136	283	257	219	209	202

3-14 整修锥形体护坡

工程内容 1)锥护坡及其他片块石附属设施修补;2)拆除清理松动部分、砌筑。

单位:10m³

序号	项目	单位	代号	干砌片石 1	浆砌片石 2
1	人工	工日	1001001	17.2	23.9
2	M7.5水泥砂浆	m³	1501002	—	(3.54)
3	M10水泥砂浆	m³	1501003	—	(0.29)
4	32.5级水泥	t	5509001	—	1.012
5	水	m³	3005004	—	18
6	中(粗)砂	m³	5503005	—	4.25
7	片石	m³	5505005	12.5	11.5
8	其他材料费	元	7801001	—	0.97
9	小型机具使用费	元	8099001	3.09	4.30
10	基价	元	9999001	3723	5663

3-15 人行道、栏杆扶手维修

工程内容 1)修补:凿除损坏及松散部分,清洁修补部分,拌制砂浆,修补,场内运输,清理场地;2)更换:拆除,预制,安装,清场; 3)金属栏杆维修:切割,焊接,除锈,油漆;4)搭,移动脚手架,电气,电力线路及照明灯具维修更换,拆除脚手架;5)清理栏杆表面,刷两遍油漆,清理场地。

单位:表列单位

序号	项目	单位	代号	人行道栏杆扶手修补	人行道栏杆扶手拆除	人行道栏杆、扶手更换			金属栏杆更换
				环氧砂浆修补(厚3cm以内)	人行道混凝土构件及栏杆、扶手	预制	安装	钢筋	
				$100m^2$	$10m^3$	$10m^3$	$10m^3$	t	t
				1	2	3	4	5	6
1	人工	工日	1001001	4.3	53.3	91.85	40.44	27.7	13.55
2	预制构件	m^3	1517001	—	—	—	(10.1)	—	—
3	C20 水泥混凝土	m^3	1526091	—	—	(10.1)	(0.07)	—	—
4	M10 水泥砂浆	m^3	1501003	(0.31)	—	—	—	—	—
5	M20 水泥砂浆	m^3	1501006	—	—	—	(1.03)	—	—
6	原木	m^3	4003001	—	—	0.018	—	—	—
7	HPB300 钢筋	t	2001001	—	—	—	—	0.82	—
8	HRB400 钢筋	t	2001002	—	—	—	—	0.205	—

续前页

单位：表列单位

序号	项目	单位	代号	人行道栏杆扶手修补 环氧砂浆修补（厚3cm以内） 100m²	人行道栏杆扶手拆除 人行道混凝土构件及栏杆、扶手 10m³	人行道栏杆、扶手更换 预制 10m³	人行道栏杆、扶手更换 安装 10m³	人行道栏杆、扶手更换 钢筋 t	金属栏杆更换 t
				1	2	3	4	5	6
9	锯材	t	4003002	—	—	0.142	—	—	—
10	型钢	t	2003004	—	—	0.015	—	—	1.04
11	组合钢模板	kg	2003026	—	—	0.108	—	—	—
12	电焊条	kg	2009011	—	—	9	4.2	8.6	—
13	20～22号铁丝	kg	2001022	—	—	—	—	3.6	—
14	铁件	kg	2009028	—	—	55	—	—	—
15	32.5级水泥	t	5509001	0.095	—	3.29	0.592	—	—
16	水	m³	3005004	1	—	16	1.5	—	—
17	中（粗）砂	m³	5503005	0.341	—	4.98	1.11	—	—
18	碎石（2cm）	m³	5505012	—	—	8.68	0.06	—	—
19	环氧树脂	kg	5009009	21.7	—	—	—	—	—
20	丙酮	kg	5009023	7.75	—	—	—	—	—
21	乙二胺硬化剂	kg	5026016	1.55	—	—	—	—	—

续前页

单位:表列单位

序号	项目	单位	代号	人行道栏杆扶手修补 环氧砂浆修补(厚3cm以内) 100m²	人行道栏杆扶手拆除 人行道混凝土构件及栏杆、扶手 10m³	人行道栏杆、扶手更换			金属栏杆更换
						预制 10m³	安装 10m³	钢筋 t	t
				1	2	3	4	5	6
22	其他材料费	元	7801001	7.99	6.6	25.22	—	—	67.7
23	32kV·A交流电弧焊机	台班	8015028	—	—	4	—	2.14	0.48
24	250L以内强制式混凝土搅拌机	台班	8005002	—	—	0.68	—	—	—
25	小型机具使用费	元	8099001	—	4.5	16	—	—	49.2
26	基价	元	9999001	988	5637	15903	4756	7474	5536

3-16 桥梁钢结构除锈

工程内容 喷砂除锈:1)运砂;2)筛砂;3)烘砂;4)装砂;5)砂子收回;6)现场清理及修理工具。
人工除锈:1)清扫灰土;2)除旧油漆;3)除锈;4)现场清理及修理工具。

单位:100m^2

序号	项目	单位	代号	喷中(粗)砂除锈 1	喷石英砂除锈 2	人工除锈 3
1	人工	工日	1001001	7.33	5.41	16.58
2	胶管	m	5001003	0.09	0.09	—
3	磁喷嘴	个	5026051	0.6	0.6	—
4	砂布	张	5026047	4	4	5.2
5	煤	t	3005001	0.035	0.03	—
6	焦炭	kg	5526005	2.07	1.72	—
7	中(粗)砂	m^3	5503005	0.76	—	—
8	细砂	kg	5526008	—	6.83	—
9	其他材料费	元	7801001	10.53	21.47	5.27
10	喷砂除锈机	台班	8023017	2.9	2	—
11	10m^3/min 以内电动空气压缩机	台班	8017044	0.72	0.5	—
12	4m^3/min 以内吹风机	台班	8023014	0.26	0.26	—
13	8m^3/min 以内鼓风机	台班	8023015	0.72	0.5	—
14	小型机具使用费	元	8099001	15.74	12.19	9.44
15	基价	元	9999001	2166	2589	1771

3-17 桥梁钢结构油漆

工程内容 1）准备材料、清除污垢；2）调配；3）喷(涂)红丹漆、油漆各两遍。

单位：10m²

序号	项目	单位	代号	机械喷涂		人工刷漆	
				喷防锈漆	喷面漆	防锈漆	面漆
				1	2	3	4
1	人工	工日	1001001	0.57	0.52	6.33	6.03
2	防锈漆	kg	5009030	3.64	—	2.91	—
3	油漆溶剂油	kg	5009027	1.5	1.3	1.2	1.02
4	香蕉水	kg	5026017	0.32	0.6	0.48	0.9
5	油漆	kg	5009002	—	2.5	—	2.2
6	砂布	张	5026047	1	2	1.5	2
7	其他材料费	元	7801001	—	2.9	2.28	3
8	生产率1200m²/h 液压无气喷涂机	台班	8023018	0.2	0.16	—	—
9	10m³/min 以内电动空气压缩机	台班	8017044	0.05	0.04	—	—
10	8m³/min 以内鼓风机	台班	8023015	0.05	0.04	—	—
11	小型机具使用费	元	8099001	2.75	4.35	1.37	2
12	基价	元	9999001	193	186	716	697

3-18 混凝土栏杆刷漆

工程内容 1)清理栏杆表面、刷两遍油漆;2)清理场地。

单位:10m²

序号	项目	单位	代号	旧混凝土栏杆刷漆
				1
1	人工	工日	1001001	0.6
2	油漆	kg	5009002	3.8
3	其他材料费	元	7801001	0.4
4	基价	元	9999001	136

3-19 桥栏杆照明灯更换

工程内容 1)搭、移动脚手架;2)电气、电力线路及照明灯具维修更换;3)拆除脚手架。

单位:10套

序号	项目	单位	代号	明装式 1	悬吊式 2
1	人工	工日	1001001	5.92	4.77
2	照明灯具	套	7509001	10.1	10.1
3	绝缘电线	m	2026020	5.2	5
4	其他材料费	元	7801001	2.87	1.99
5	5t以内汽车式起重机	台班	8009025	1.24	1.18
6	4t以内载货汽车	台班	8007003	1.24	1.18
7	基价	元	9999001	6079	5887

3-20 锚喷混凝土及灌浆加固

工程内容 1)打毛并清理表面;2)混凝土及砂浆配运料、拌和、运输、喷射、养生;3)锚孔定位,钻孔,清孔;4)钢筋制作、绑扎;5)锚固钢筋;6)配置环氧砂浆、灌注。

单位:表列单位

序号	项目	单位	代号	表面凿毛 10m²	锚喷混凝土 10m³	钢筋绑扎锚固 1t	安装锚固筋 1t	灌水泥砂浆 1m³
				1	2	3	4	5
1	人工	工日	1001001	2.2	76.7	47.8	82.7	1.2
2	C30 水泥混凝土	m³	1526093	—	(10.2)	—	—	—
3	M20 水泥砂浆	m³	1501006	—	—	—	—	(1.02)
4	HPB300 钢筋	t	2001001	—	—	0.21	—	—
5	HRB400 钢筋	t	2001002	—	—	0.82	1.03	—
6	电焊条	kg	2009011	—	—	14.3	—	—
7	8~12 号铁丝	kg	2001021	—	—	7.6	—	—
8	环氧树脂	kg	5009009	—	—	—	30.3	—
9	32.5 级水泥	t	5509001	—	4.14	—	0.05	0.48
10	水	m³	3005004	—	24	—	0.2	3
11	中(粗)砂	m³	5503005	—	4.69	—	0.07	1.05
12	碎石(2cm)	m³	5505012	—	8.06	—	—	—

续前页

单位:表列单位

序号	项目	单位	代号	表面凿毛 10m²	锚喷混凝土 10m³	钢筋绑扎锚固 1t	安装锚固筋 1t	灌水泥砂浆 1m³
				1	2	3	4	5
13	其他材料费	元	7801001	15.8	63	12.8	47	15.6
14	250L 以内强制式混凝土搅拌机	台班	8005002	—	0.48	—	—	—
15	混凝土喷射机	台班	8005011	—	0.48	—	—	—
16	风动灌浆机	台班	8005018	—	—	—	—	0.24
17	电锤	台班	8026023	—	—	—	2.02	—
18	32kV·A 交流电弧焊机	台班	8015028	—	—	3.29	—	—
19	9m³/min 以内机动空气压缩机	台班	8017049	—	3.67	—	—	—
20	小型机具使用费	元	8099001	5	267	45.9	72.4	29
21	基价	元	9999001	253	15446	10085	13877	610

注:若锚固筋不需要环氧树脂加固,则扣除其相应消耗量。

3-21 粘贴钢板加固

工程内容 1)将粘贴部位凿平、清理干净；2)钻孔安装锚固螺栓；3)钢板除锈；4)配拌、涂抹环氧水泥胶；5)粘贴固定钢板、刀割螺栓脚；6)钢板表面涂环氧砂浆防锈。

单位：表列单位

序号	项目	单位	代号	表面磨平 10m²	粘贴钢板 1t	表面防锈处理 10m²
				1	2	3
1	人工	工日	1001001	1.8	167.5	11
2	钢板	t	2003005	—	1.2	—
3	电焊条	kg	2009011	—	47.2	—
4	膨胀螺栓	套	2009015	—	453	—
5	环氧树脂	kg	5009009	—	340	12.5
6	32.5级水泥	t	5509001	—	1.6	0.05
7	水	m³	3005004	—	5	1
8	中(粗)砂	m³	5503005	—	—	0.15
9	其他材料费	元	7801001	3.5	43.7	5.7
10	材料总重量	t	7905001	—	3.2	0.3
11	32kV·A交流电弧焊机	台班	8015028	—	68.14	—
12	小型机具使用费	元	8099001	5.6	104.4	1.9
13	防锈漆	kg	5009030	—	—	2.9
14	基价	元	9999001	199	42417	1445

3-22 外包混凝土加固

工程内容 1)表面凿毛、冲洗干净;2)混凝土配运料、拌和、运输、压抹、养生。

单位:10m³

序号	项目	单位	代号	压抹小石子混凝土 10m³	钢筋 1t
				1	2
1	人工	工日	1001001	67.3	9.02
2	C30 水泥混凝土	m³	1526093	(10.2)	—
3	锯材	m³	4003002	1.38	—
4	铁钉	kg	2009030	42.1	—
5	32.5 级水泥	t	5509001	5.07	—
6	水	m³	3005004	21	—
7	中(粗)砂	m³	5503005	6.11	—
8	碎石(2cm)	m³	5505012	10.62	—
9	其他材料费	元	7801001	273.3	—
10	250L 以内强制式混凝土搅拌机	台班	8005002	1.12	—
11	30kN 以内单筒慢动电动卷扬机	台班	8009080	5.55	—
12	HPB300 钢筋	t	2001001	—	0.18
13	HRB400 钢筋	t	2001002	—	0.845

续前页

单位:10m³

序号	项目	单位	代号	压抹小石子混凝土 10m³	钢筋 1t
				1	2
14	电焊条	kg	2009011	—	2.9
15	20~22号铁丝	kg	2001022	—	4.8
16	小型机具使用费	元	8099001	—	17
17	基价	元	9999001	16808	5250

3-23 粘贴碳纤维布加固

工程内容 1)粘贴面磨平、洗净、去除表面浮渣;2)涂底胶、找平;3)刷黏结胶、粘贴碳纤维布。

单位:1m²

序号	项目	单位	代号	粘贴碳纤维布
				1
1	人工	工日	1001001	1.83
2	黏结材料	kg	5026048	2.4
3	碳纤维布	m²	5009433	1.05
4	其他材料费	元	7801001	28.4
5	3kW以内磨石机	台班	8015126	0.40
6	小型机具使用费	元	8099001	7.0
7	基价	元	9999001	488

注:黏结材料包括底胶、找平胶、黏结胶,其比例为:0.3∶1∶0.9,实际施工可根据需要适当调整。

3－24 化学灌浆修补较大裂缝

工程内容 1）布嘴；2）封缝；3）配置黏结剂；4）灌缝。

单位：1m

序号	项目	单位	代号	化学灌浆修补裂缝
				1
1	人工	工日	1001001	0.50
2	灌浆嘴	个	6009011	1.00
3	胶管	m	5001003	0.10
4	黏结材料	kg	5026048	0.60
5	环氧树脂	kg	5009009	0.10
6	土工布	元	5007001	0.10
7	其他材料费	元	7801001	6.00
8	材料总重量	t	7905001	0.10
9	$9m^3/min$ 以内机动空气压缩机	台班	8017049	0.10
10	小型机具使用费	元	8099001	2.50
11	基价	元	9999001	160

3-25 桥头搭板更换

工程内容 凿除钢筋混凝土:1)锯缝;2)凿除;3)清理、20m以内堆放等。
现浇混凝土:1)模板制作、安装、拆除、修理、涂脱模剂、堆放;2)混凝土配运料、拌和、浇筑、捣固及养生等。
钢筋:下料、制作、成型、电焊、绑扎。

单位:表列单位

序号	项目	单位	代号	凿除钢筋混凝土	现浇混凝土	钢筋
				10m³	10m³	1t
				1	2	3
1	人工	工日	1001001	25.1	18.2	10.5
2	C30水泥混凝土	m³	1526093	—	(10.2)	—
3	原木	m³	4003001	—	0.002	—
4	锯材	m³	4003002	—	0.004	—
5	HRB400钢筋	t	2001002	—	—	1.025
6	型钢	t	2003004	—	0.008	—
7	电焊条	kg	2009011	—	—	1.7
8	铁件	kg	2009028	—	2.5	—
9	20~22号铁丝	kg	2001022	—	—	3
10	42.5级水泥	t	5509002	—	3.621	—
11	水	m³	3005004	—	17	—

续前页

单位:表列单位

序号	项目	单位	代号	凿除钢筋混凝土 10m³	现浇混凝土 10m³	钢筋 1t
				1	2	3
12	中(粗)砂	m³	5503005	—	4.69	—
13	碎石(4cm)	m³	5505013	—	8.57	—
14	其他材料费	元	7801001	57.5	53.6	
15	电动混凝土切缝机	台班	8003085	0.71	0.36	—
16	750L以内强制式混凝土搅拌机	台班	8005005	—	0.37	
17	3t以内载货汽车	台班	8007002	1.26	2.28	0.65
18	4t以内载货汽车	台班	8007003	—	—	0.66
19	32kV·A交流电弧焊机	台班	8015028	—	—	0.44
20	3m³/min以内机动空气压缩机	台班	8017047	3.92	—	—
21	小型机具使用费	元	8099001	96.2	22.6	46.2
22	基价	元	9999001	4632	7537	6144

注:凿除混凝土定额中不包括凿除混凝土废料的运输,需要外运时可按相关定额计算。

3–26 钻孔植筋(锚栓)

工程内容 1)钢筋探测定位、钻孔、吹尘;2)清孔、黏结胶(或黏结树脂)调配、搅拌、注胶;3)钢筋切断、插筋。

单位:100根

序号	项目	单位	代号	钢筋(锚栓)直径(mm)									
				12		14		16		18		20	
				钻孔深度(mm)									
				110	±10	120	±10	130	±10	150	±10	170	±10
				1	2	3	4	5	6	7	8	9	10
1	人工	工日	1001001	2.8	—	3.5	—	4.2	—	5.6	—	8.05	—
2	HRB400钢筋	t	2001002	0.018	0.001	0.026	0.002	0.035	0.002	0.050	0.003	0.068	0.003
3	20mm以内冲击钻头	个	2009048	2.03	0.19	2.5	0.21	3	0.23	—	—	—	—
4	30mm以内冲击钻头	个	2009049	—	—	—	—	—	—	3.81	0.25	4.91	0.29
5	40mm以内冲击钻头	个	2009050										
6	环氧胶泥	m³	5026019	(0.001)	(0.0001)	(0.002)	(0.0001)	(0.002)	(0.0001)	(0.003)	(0.0002)	(0.004)	(0.0004)
7	环氧树脂(E44)	kg	5009009	1.236	0.113	1.541	0.128	1.878	0.156	2.407	0.2	3.836	0.319
8	乙二胺(EDA)	kg	5026023	0.185	0.017	0.232	0.019	0.282	0.024	0.361	0.03	0.576	0.048
9	二丁酯	kg	5026024	0.371	0.034	0.462	0.038	0.563	0.047	0.722	0.06	1.151	0.096
10	丙酮	kg	5009023	0.185	0.01	0.232	0.019	0.282	0.024	0.361	—	0.576	0.48
11	42.5级水泥	t	5509002	0.001	0.001	0.001	0.001	0.001	0.001	0.001	0.001	0.002	0.002

续前页

单位:100 根

序号	项目	单位	代号	钢筋(锚栓)直径(mm)									
				12		14		16		18		20	
				钻孔深度(mm)									
				110	±10	120	±10	130	±10	150	±10	170	±10
				1	2	3	4	5	6	7	8	9	10
12	其他材料费	元	7801001	1.56	—	1.92	—	2.28	—	2.88	—	4.08	—
13	3kW 以内电动手持冲击钻	台班	8011086	1.94	0.18	2.4	0.2	2.86	0.22	4.28	0.29	6.15	0.36
14	100L 以内低速搅拌器	台班	8011080	0.1	0.01	0.12	0.01	0.15	—	0.19	0.02	0.3	0.03
15	40mm 以内钢筋切断机	台班	8015002	0.37	—	0.45	—	0.53	—	0.67	—	0.93	—
16	0.3m³/min 以内机动空气压缩机	台班	8017039	0.56	—	0.67	—	0.8	—	1.01	—	1.4	—
17	小型机具使用费	元	8099001	93	—	93	—	94.2	—	94.2	—	94.2	—
18	基价	元	9999001	807	33	994	41	1190	43	1679	63	2348	80

续前页　　　　　　　　　　　　　　　　　　　　　　　　　　　　　　　　　单位:100 根

序号	项目	单位	代号	钢筋(锚栓)直径(mm)							
				22		25		28		32	
				钻孔深度(mm)							
				220	±10	250	±10	300	±10	360	±10
				11	12	13	14	15	16	17	18
1	人工	工日	1001001	10.5	—	15.05	—	19.95	—	29.05	—
2	HRB400 钢筋	t	2001002	0.097	0.004	0.146	0.005	0.217	0.006	0.333	0.008
3	20mm 以内冲击钻头	个	2009048	—	—	—	—	—	—	—	—
4	30mm 以内冲击钻头	个	2009049	6.79	0.32	—	—	—	—	—	—
5	40mm 以内冲击钻头	个	2009050	—	—	9.24	0.37	12.13	0.41	16.63	0.45
6	环氧胶泥	m³	5026019	(0.007)	(0.001)	(0.011)	(0.001)	(0.015)	(0.001)	(0.023)	(0.002)
7	环氧树脂(E44)	kg	5009009	6.319	0.527	10.006	0.834	13.271	1.106	20.801	1.733
8	乙二胺(EDA)	kg	5026023	0.948	0.079	1.501	0.125	1.991	0.166	3.12	0.26
9	二丁酯	kg	5026024	1.896	0.158	3.002	0.25	3.982	0.331	6.24	0.52
10	丙酮	kg	5009023	0.948	0.079	1.501	0.125	1.991	0.166	3.12	0.26
11	42.5 级水泥	t	5509002	0.005	0.001	0.007	—	0.01	0.001	0.014	0.001
12	其他材料费	元	7801001	5.52	—	8.04	—	11.04	—	16.68	—
13	3kW 以内电动手持冲击钻	台班	8011086	8.19	0.39	12.07	0.48	15.965	0.53	23.24	0.65
14	100L 以内低速搅拌器	台班	8011080	0.5	0.04	0.79	0.07	1.043	0.09	1.64	0.14

续前页

单位:100 根

序号	项目	单位	代号	钢筋(锚栓)直径(mm)							
				22		25		28		32	
				钻孔深度(mm)							
				220	±10	250	±10	300	±10	360	±10
				11	12	13	14	15	16	17	18
15	40mm 以内钢筋切断机	台班	8015002	1.28	—	1.87	—	2.583	—	3.9	—
16	0.3m³/min 以内机动空气压缩机	台班	8017039	1.92	—	2.8	—	3.875	—	5.86	—
17	小型机具使用费	元	8099001	94.2	—	96	—	96	—	96	—
18	基价	元	9999001	3154	92	4713	125	6314	147	9241	193

注:钢筋(锚栓)直径、钻孔孔径、孔深适配见下表:

钢筋(锚栓)直径(mm)	12	14	16	18	20	22	25	28	32
钻孔孔径(mm)	16	18	20	22	25	28	32	35	40
钻孔孔深(mm)	110	120	130	150	180	210	250	300	360

3-27 搭拆脚手架、踏步

工程内容 1)清理场地,挖柱脚,立杆,绑扎,铺板,拆除,50m 内取运料,堆放;2)清理场地,摆底座,插立杆,用卡子螺栓连接钢管、防垫木、脚手板,安装吊盘,拆除,50m 内取运料,堆放。

单位:表列单位

序号	项目	单位	代号	木脚手架(宽2.5m)					木踏步(宽2.5m)				
				高度									
				3m	4m	6m	8m	12m	3m	4m	6m	8m	12m
				10m	10m	10m	10m	10m	1处	1处	1处	1处	1处
				1	2	3	4	5	6	7	8	9	10
1	人工	工日	1001001	1.80	1.90	2.40	3.00	4.60	1.50	2.00	4.10	7.70	14.10
2	原木	m³	4003001	0.10	0.13	0.20	0.26	0.38	0.02	0.05	0.11	0.17	0.36
3	锯材	m³	4003002	0.05	0.05	0.05	0.05	0.05	0.06	0.09	0.14	0.19	0.28
4	铁钉	t	2009030	0.50	0.50	0.50	0.50	0.50	0.30	0.40	0.60	0.80	1.30
5	8~12号铁丝	kg	2001021	8.10	10.50	15.10	19.80	29.10	3.00	7.30	13.20	19.10	35.40
6	小型机具使用费	元	8099001	1.00	1.10	1.30	1.70	2.50	0.80	1.10	1.70	4.20	7.70
7	基价	元	9999001	1053	629	847	1059	1523	343	547	1029	1672	3015

续前页

单位：表列单位

序号	项目	单位	代号	钢管脚手架（宽2.5m）					钢管井字架（长2.5m×宽2.5m）			
				高度								
				4m	6m	8m	12m	16m	8m	10m	14m	16m
				10m	10m	10m	10m	10m	1个	1个	1个	1个
				11	12	13	14	15	16	17	18	19
1	人工	工日	1001001	2.10	2.70	3.40	5.40	8.30	6.00	7.60	10.60	13.60
2	锯材	m³	4003002	0.06	0.06	0.06	0.06	0.06	0.01	0.01	0.01	0.01
3	型钢	t	2003004	—	—	—	—	—	0.005	0.005	0.005	0.005
4	钢管	t	2003008	0.02	0.03	0.03	0.05	0.06	0.02	0.02	0.03	0.04
5	钢丝绳	t	2001019	—	—	—	—	—	0.00	0.00	0.00	0.00
6	铁钉	kg	2009030	0.50	0.50	0.50	0.50	0.50	—	—	—	—
7	8～12号铁丝	kg	2001021	0.60	0.60	0.60	0.60	0.60	—	—	—	—
8	其他材料费	元	7801001	11.30	15.80	21.10	30.50	37.90	14.60	17.50	23.00	28.30
9	小型机具使用费	元	8099001	1.80	2.30	2.90	4.60	7.00	5.00	6.40	8.90	11.50
10	基价	元	9999001	463	581	661	982	1348	791	964	1339	1713

注：钢管脚手架实际宽度不同时，可按实调整，钢管井字架实际长度、宽度不同时，可按实调整。

3-28 涵洞盖板更换

工程内容 1)拆除破损盖板;2)底膜制作、清理、铺塑料薄膜;3)组合钢模组拼安装、拆除、修理、涂脱模剂、堆放;4)钢筋除锈、制作、电焊、绑扎;5)混凝土配运料、拌和、运输、浇筑、捣固及养生;6)构件起吊、就位。

单位:表列单位

序号	项目	单位	代号	拆除 10m³	预制 混凝土 10m³	预制 钢筋 t	人工安装 10m³	机械安装 10m³
				1	2	3	4	5
1	人工	工日	1001001	25	35.25	10.35	25.95	9.6
2	C30 水泥混凝土	m³	1526093	—	(10.10)	—	—	—
3	M10 水泥砂浆	m³	1501003	—	(0.59)	—	—	—
4	原木	m³	4003001	—	0.01	—	—	—
5	锯材	m³	4003002	—	0.03	—	—	—
6	HPB300 钢筋	t	2001001	—	—	0.27	—	—
7	HRB400 钢筋	t	2001002	—	—	0.76	—	—
8	型钢	t	2003004	—	0.01	—	—	—
9	电焊条	kg	2009011	—	—	0.90	—	—
10	组合钢模板	t	2003026	—	0.02	—	—	—
11	铁件	kg	2009028	—	5.40	—	—	—

续前页　　　　　　　　　　　　　　　　　　　　　　　　　　　单位：表列单位

序号	项目	单位	代号	拆除	预制		人工安装	机械安装
					混凝土	钢筋		
				10m³	10m³	t	10m³	10m³
				1	2	3	4	5
12	20~22号铁丝	kg	2001022	—	—	4.40	—	—
13	油毛毡	m²	5009012	—	—	—	19.80	19.80
14	32.5级水泥	t	5509001	—	4.00	—	—	—
15	水	m³	3005004	—	17.00	—	—	—
16	中(粗)砂	m³	5503005	—	5.28	—	—	—
17	碎石(4cm)	m³	5505013	—	8.38	—	—	—
18	其他材料费	元	7801001	3.30	59.50	—	2.50	—
19	250L以内强制式混凝土搅拌机	台班	8005002	—	0.48	—	—	—
20	1.0t以内机动翻斗车	台班	8007046	—	0.3	—	—	—
21	5t以内汽车式起重机	台班	8009025	0.27	—	—	—	1.11
22	32kV·A交流电弧焊机	台班	8015028	—	—	0.18	—	—
23	小型机具使用费	元	8099001	—	6.80	20.20	5.30	—
24	基价	元	9999001	2821	8487	5414	2811	1811

3-29 清理涵洞(管)河道

工程内容 1)清理涵洞(管)、河道内淤积物;2)疏通洞口、河道。

单位:10m³

序号	项目	单位	代号	涵洞(管)1.25m以内		涵洞(管)1.25m以上		洞外及河道人工清理		机械清理
				普通土	土夹石	普通土	土夹石	普通土	土夹石	
				1	2	3	4	5	6	7
1	人工	工日	1001001	4.77	6.68	4.38	5.83	1.80	2.63	0.38
2	1.0m³以内履带式单斗挖掘机	台班	8001027	—	—	—	—	—	—	0.08
3	φ100mm以内机动单级离心清水泵	台班	8013007	—	—	—	—	—	—	0.54
4	小型机具使用费	元	8099001	3.65	4.25	6.00	8.93	0.55	0.76	—
5	基价	元	9999001	507	709	468	624	191	278	172

3-30 涵洞修补

工程内容 裂缝处理:1)将裂缝内杂物清除干净;2)人工配拌料、灌注、整平;3)清理现场。
铺砌:1)清除原松动石料及风化砂浆;2)凿成规划形状,剔除杂物;3)砌筑,勾缝,养生。

单位:表列单位

序号	项目	单位	代号	裂缝处理		铺砌	
				沥青麻絮2cm以内	沥青砂5cm以内	洞口	铺底
				100m		10m³	
				1	2	3	4
1	人工	工日	1001001	13.9	18.0	16.4	22.5
2	原木	m³	4003001	—	—	—	0.030
3	锯材	m³	4003002	—	—	—	0.020
4	铁钉	kg	2009030	—	—	—	0.01
5	8~12号铁丝	kg	2001021	—	—	—	3
6	32.5级水泥	t	5509001	—	—	1.090	1.060
7	石油沥青	t	3001001	0.350	0.190	—	—
8	煤	t	3005001	0.090	0.050	—	—
9	水	m³	3005004	—	—	4	6
10	中(粗)砂	m³	5503005	—	0.84	4.13	4.20
11	片石	m³	5505005	—	—	11.82	11.92

续前页

单位：表列单位

序号	项　目	单位	代号	裂 缝 处 理		铺　　砌	
				沥青麻絮2cm以内	沥青砂5cm以内	洞口	铺底
				100m		10m³	
				1	2	3	4
12	矿粉	t	5503013	—	0.150	—	—
13	其他材料费	元	7801001	462.7	190.0	5.4	6.9
14	3t以内载货汽车	台班	8007002	0.70	0.90	0.82	1.13
15	小型机具使用费	元	8099001	3.1	2.9	—	—
16	基价	元	9999001	3655	3485	5199	6127

3-31 圆管涵更换

工程内容 涵管拆除:1)拆除破损涵管、集中堆放、清理现场;2)机械就位;3)破损涵管起吊拆除;4)清理现场。
涵管安装:1)人工拌运砂浆;2)整修构件;3)吊装就位;4)安拆嵌缝板、砂浆嵌缝;5)养生;6)清理现场。

单位:10m

序号	项目	单位	代号	涵管拆除				涵管安装				
				人工拆除		起重机拆除		人工安装			起重机安装	
				管径(m)								
				0.75以内	1.00以内	1.00以内	1.50以内	0.50以内	0.75以内	1.00以内	1.25以内	1.50以内
				1	2	3	4	5	6	7	8	9
1	人工	工日	1001001	2.3	3	—	—	1.4	1.6	2.2	2.4	3.2
2	M20水泥砂浆	m³	1501006	—	—	—	—	(0.07)	(0.15)	(0.15)	(0.23)	(0.3)
3	32.5级水泥	t	5509001	—	—	—	—	0.033	0.065	0.069	0.103	0.134
4	水	m³	3005004	—	—	—	—	1	1	1	1	1
5	中(粗)砂	m³	5503005	—	—	—	—	0.08	0.15	0.16	0.24	0.32
6	0.5m以内管涵构件	m	1526084	—	—	—	—	(10.1)	—	—	—	—
7	0.75m以内管涵构件	m	1526085	—	—	—	—	—	(10.1)	—	—	—
8	1.00m以内管涵构件	m	1526086	—	—	—	—	—	—	(10.1)	—	—
9	1.25m以内管涵构件	m	1526087	—	—	—	—	—	—	—	(10.1)	—

续前页

单位:10m

序号	项目	单位	代号	涵管拆除				涵管安装				
				人工拆除		起重机拆除		人工安装			起重机安装	
				管径(m)								
				0.75以内	1.00以内	1.00以内	1.50以内	0.50以内	0.75以内	1.00以内	1.25以内	1.50以内
				1	2	3	4	5	6	7	8	9
10	1.5m以内管涵构件	m	1526088	—	—	—	—	—	—	—	—	(10.1)
11	其他材料费	元	7801001	—	—	—	—	4.8	4.8	4.8	4.8	4.8
12	3t以内载货汽车	台班	8007002	0.12	0.15	—	—	0.07	0.08	0.11	0.12	0.16
13	5t以内汽车起重机	台班	8009025	—	—	0.48	0.53	—	—	—	0.61	0.85
14	基价	元	9999001	294	381	317	350	216	268	348	805	1094

注:1.管涵拆除定额不含破损管涵的清运,需要时按有关定额另行计算;
　　2.管涵构件的预制(或购买)、运输按其他章节相应定额另行计算;
　　3.涵洞墙、洞体、底的其他砌筑形式(水泥混凝土、浆砌、干砌、砖砌)按相应定额计算。

第四章 隧道工程

说　　明

（1）本章定额包括隧道清洁维护,清洗隧道洞门墙、侧墙、衬砌表面腐蚀处理、围岩破碎和危石处理、隧道渗、漏水处治、隧道涂装、衬砌变形开裂处理、隧道通风设备的维修及更换、隧道照明灯具更换、清理隧道排水沟、检查井等。

（2）洞内工程项目的施工照明用电包括在定额消耗量内,采用其他章节的有关项目时,所采用的人工工日、机械台班及小型机具使用费应乘以系数1.26。

（3）本定额未考虑地震、坍塌、溶洞涌水及突水处理,以及其他特殊情况所需的费用,需要时可根据设计另行计算。

（4）定额工程内容中的操作脚手架,仅包括移动操作脚手架（或移动平台）的工作,不含脚手架（或移动平台）的搭、拆,另外见有关子目。

（5）本章定额中洞外废渣清运费用按洞外运输200m计,洞内废渣清运费用按洞内全部及洞外运输200m计。洞外实际运距超过200m时,应计算增运费用。

（6）本定额除"4-1经常检查"以外的洞内工程项目按施工工作面距洞口500m以内编制,工作面距洞口长度每增加500m（不足500m时按500m计）,相应定额人工工日及机械台班数量增加3％。

（7）喷射混凝土工程量按设计厚度乘以喷护面积计算。

(8)模筑混凝土工程量按设计厚度乘以模筑面积计算。

(9)隧道工程中土石方基本运距为20m,超运距按相关定额套用。

(10)隧道清扫工程量按清扫面积计算,地面清污工程量按清污地面面积计算,清洁维护各子目按一次清洁维护考虑。

4-1 经常检查

工程内容 1)全面检查隧道的洞口、洞门、衬砌、路面、检修道、排水设施等有无破损;2)进行经常的巡查;3)做检查记录。

单位:1000m·次

序号	项目	单位	代号	隧道长度				
				1000m以内	2000m以内	3000m以内	4000m以内	每增加1000m
				1	2	3	4	5
1	人工	工日	1001001	0.9	1	1.1	1.2	0.2
2	客货两用车	台班	8007127	0.18	0.22	0.23	0.25	0.15
3	基价	元	9999001	150	173	187	204	67

4-2 地面清扫

工程内容　人工清扫:1)清扫洞内路面、电缆槽顶及检修道顶面、地下机房地面;2)杂物外运。
　　　　　　机械清扫:1)清扫洞内路面杂物、垃圾;2)杂物外运。

单位:1000m²

序号	项目	单位	代号	人工清扫 1	机械清扫 2
1	人工	工日	1001001	2.4	—
2	路面清扫车(清扫宽度2~3m)	台班	8026003	—	0.03
3	小型机具使用费	元	8099001	0.6	—
4	基价	元	9999001	254	32

注:1. 交通量超过5000辆/昼夜,每增加1000辆/昼夜(不足1000辆/昼夜的按1000辆/昼夜的计算),相应的定额人工工日增加3%。
　　2. 人工清扫的面积为实际面积,非指整个路面面积。
　　3. 机械清扫是按不设中央分隔带可随机掉头清扫方式编制。对无法随机掉头的高等级公路隧道,机械清扫应乘以1.1。清扫机械无法清扫的路面死角,需进行人工辅助清扫的,根据实际辅助清扫面积,按人工清扫计算乘以1.15计算;无法计算辅助清扫面积的,可按每1000m²增加0.017人工工日计算。
　　4. 本定额的清扫是指对尘土、杂物的日常清扫,对路面上妨碍正常交通的杂物的清除、意外事件或事故等因素造成的污染、被化学物品污染的处理等特殊保洁,应另外计算。

4-3 边墙清洗

工程内容 人工清洗:1)载货汽车运水;2)清洗边墙表面。
机械清洗:1)洒水汽车运水;2)清洗边墙表面。

单位:1000m²

序号	项目	单位	代号	人工清洗 1	机械清洗 2
1	人工	工日	1001001	6.4	0.8
2	电	kW·h	3005002	2	0.5
3	水	m³	3005004	3	4
4	其他材料费	元	7801001	38.8	7.8
5	4t以内载货汽车	台班	8007003	0.2	—
6	8000L以内洒水汽车	台班	8007042	—	0.09
7	小型机具使用费	元	8099001	22.3	9.5
8	基价	元	9999001	854	202

4-4 边沟清理

工程内容　倒口形沟:1)清理、疏通排水沟;2)杂物外运。
　　　　　　盖板排水沟:1)揭、盖盖板;2)清理、疏通排水沟;3)杂物外运。

单位:100m

序号	项目	单位	代号	倒口形沟	盖板排水沟
				1	2
1	人工	工日	1001001	2.3	7.5
2	电	kW·h	3005002	1	3
3	小型机械使用费	元	8099001	3.6	3.6
4	基价	元	9999001	247	798

4-5 清洗隧道洞门墙、侧墙

工程内容 1)人工清洗洞侧墙、门墙;2)洒水汽车运水;3)清理现场。

单位:1000m²

序号	项目	单位	代号	清洗洞门墙、侧墙	
				光面	糙面
				1	2
1	人工	工日	1001001	1	1.1
2	其他材料费	元	7801001	4.2	8.04
3	8000L以内洒水汽车	台班	8007042	0.11	0.12
4	小型机具使用费	元	8099001	9	10.7
5	基价	元	9999001	217	242

注:需搭拆脚手架时,按有关定额计算。

4-6 斜井、风道清扫

工程内容 人工清扫:1)清除尘土、垃圾和杂物;2)将其外运。
　　　　　　风口清理:1)清理送(排)风口的网罩;2)清除堵塞网眼的杂物;3)将其外运。

单位:表列单位

序号	项目	单位	代号	人工清扫		风口清理
				斜井侧壁	斜井地面	
				1000m²	1000m²	100m²
				1	2	3
1	人工	工日	1001001	4	3	1.2
2	电	kW·h	3005002	3	2	1
3	其他材料费	元	7801001	11.7	6.5	11.7
4	小型机具使用费	元	8099001	—	—	8.9
5	基价	元	9999001	437	325	148

4-7 清除洞口边、仰坡浮土及危石

工程内容　清除边、仰坡浮土:1)清除边、仰坡浮土;2)渣体外运。
　　　　　　清除边、仰坡危石:1)人工清除边、仰坡松动危石;2)渣体外运。

单位:10m³

序号	项目	单位	代号	清除边、仰坡浮土	清除边、仰坡危石
				1	2
1	人工	工日	1001001	1.8	5.2
2	3t以内自卸汽车	台班	8007011	0.28	0.28
3	小型机具使用费	元	8099001	0.4	0.4
4	基价	元	9999001	335	693

4-8 清洗标志、标线

工程内容 清洗隧道内标线:涂刷清洗剂,清洗。
　　　　　清洗隧道内标志:移动平台、梯子、涂刷清洗剂,清洗标志及立柱。
　　　　　清洗隧道内轮廓标:涂刷清洗剂,清洗。

单位:表列单位

序号	项目	单位	代号	清洗隧道内标线 100m²	清洗隧道内标志 10块	清洗隧道内轮廓标 100块
				1	2	3
1	人工	工日	1001001	2.1	0.8	1
2	电	kW·h	3005002	1	1	1
3	水	m³	3005004	5	0.2	0.5
4	其他材料费	元	7801001	29.1	9.7	1.1
5	基价	元	9999001	276	96	110

注:此定额中隧道内标志指位于隧道侧壁的标志灯具及标志牌等。

4-9 清理隧道排水沟、检查井

工程内容 清理排水沟:1)清沟;2)将积物运至洞外。
　　　　　清理检查井:揭井盖、清理、盖井盖。

单位:表列单位

序号	项目	单位	代号	清理排水沟 100m	清理检查井 10个
				1	2
1	人工	工日	1001001	2.1	1.8
2	5t以内自卸汽车	台班	8007012	0.250	0.1
3	基价	元	9999001	375	251

4-10 更换井盖

工程内容 1)揭井盖、清理;2)井盖基础水泥砂浆整平;3)更换井盖。

单位:10套

序号	项目	单位	代号	更换井盖
				1
1	人工	工日	1001001	5
2	M25 水泥砂浆	m³	1501007	(0.28)
3	石油沥青	t	3001001	0.005
4	电	kW·h	3005002	1
5	水	m³	3005004	1
6	中(粗)砂	m³	5503005	0.29
7	32.5级水泥	t	5509001	0.148
8	成品井盖	块	6025678	10
9	基价	元	9999001	5398

注:成品井盖按铸铁井盖考虑,不同井盖可调整材料。

4-11 清理纵向排水沟及沉砂井

工程内容 清理沉砂井:1)清除积物;2)积物外运。
清理检查井:1)揭、盖井盖;2)清除积物;3)将积物外运。
清理纵向排水沟:机械疏通、清理杂物并弃于洞外。

单位:表列单位

序号	项目	单位	代号	清理沉砂井 10个	清理检查井 10个	清理纵向排水沟 100m
				1	2	3
1	人工	工日	1001001	0.9	0.2	12.1
2	电	kW·h	3005002	1	1	3
3	2t 以内载货汽车	台班	8007001	0.4	0.4	0.9
4	8000L 以内洒水汽车	台班	8007042	—	—	0.9
5	3m³/min 以内机动空气压缩机	台班	8017047	—	—	1
6	管道疏通机	台班	8025012	—	—	1.8
7	基价	元	9999001	240	166	3268

4–12 人行道(检修道)侧壁及盖板修复

工程内容 现浇管沟混凝土:1)模板制作、安装、拆除、修理、涂脱模剂、堆放;2)损坏的混凝土接头凿毛处理;3)混凝土配运料、拌和、运输、浇筑、捣固及养护。

预制安装混凝土盖板:1)模板制作、安装、拆除、修理、涂脱模剂、堆放;2)混凝土配运料、拌和、运输、浇筑、捣固及养护;3)预制块安放、砂浆砌筑。

钢筋:钢筋除锈、制作、焊接、绑扎。

单位:表列单位

序号	项目	单位	代号	现浇管沟混凝土 10m³	预制安装混凝土盖板 10m³	钢筋 1t
				1	2	3
1	人工	工日	1001001	24.1	41.2	11
2	M10 水泥砂浆	m³	1501003	—	(1.30)	—
3	C20 水泥混凝土	m³	1526091	(10.20)	(10.10)	—
4	HPB300 钢筋	t	2001001	—	—	1.025
5	20~22 号铁丝	kg	2001022	—	—	3.6
6	型钢	t	2003004	0.009	0.004	
7	组合钢模板	t	2003026	0.057	0.035	
8	铁件	kg	2009028	28.7	13	
9	电	kW·h	3005002	10	10	3
10	水	m³	3005004	12	20	

续前页

单位:表列单位

序号	项目	单位	代号	现浇管沟混凝土 10m³	预制安装混凝土盖板 10m³	钢筋 1t
				1	2	3
11	原木	m³	4003001	0.08	0.023	—
12	中(粗)砂	m³	5503005	4.9	6.24	—
13	碎石(4cm)	m³	5505013	8.47	8.38	—
14	32.5级水泥	t	5509001	3.417	3.788	—
15	其他材料费	元	7801001	38.3	28.5	
16	250L以内强制式混凝土搅拌机	台班	8005002	0.38	0.38	—
17	2t以内载货汽车	台班	8007001	—	0.59	0.2
18	小型机具使用费	元	8099001	10.5	5.8	8.1
19	基价	元	9999001	7307	9439	5310

4-13 截、排水沟清淤

工程内容 1)人工清除洞门边及仰坡截、排水沟淤积物;2)淤积物外运。

单位:100m

序号	项目	单位	代号	截、排水沟清淤
				1
1	人工	工日	1001001	0.9
2	其他材料费	元	7801001	2.9
3	小型机具使用费	元	8099001	3.6
4	基价	元	9999001	102

注:淤积物厚度按5cm以内考虑,淤积物厚度每超过5cm按一个定额单位计算,不足5cm按5cm计算。运距按20m计算。

4-14 修复洞门墙及边、仰坡护坡

工程内容 裂缝修补:1)裂缝剔除杂物;2)清洗、吹干;3)修补。
浆砌:1)清除破损部分;2)准备石料、拌运砂浆;3)移动脚手架;4)砌筑、勾缝、养护;
混凝土:1)搭拆操作脚手架;2)备料;3)模板制作、安装、拆除、修理;4)涂脱模剂、堆放;5)混凝土浇筑、捣固、养护。

单位:表列单位

序号	项目	单位	代号	修补裂缝		浆砌		混凝土	
				涂密封胶	环氧砂浆	片石	块石	片石混凝土	混凝土
				100m		10m³			
				1	2	3	4	5	6
1	人工	工日	1001001	16.9	15.9	11.9	12.1	16.4	18.9
2	M5 水泥砂浆	m³	1501001	—	—	(3.50)	(2.70)	—	—
3	M10 水泥砂浆	m³	1501003	—	—	(0.30)	(0.180)	—	—
4	C15 水泥混凝土	m³	1526090	—	—	—	—	(10.20)	—
5	C20 水泥混凝土	m³	1526091	—	—	—	—	—	(10.20)
6	8~12 号铁丝	kg	2001021	—	—	5.9	5.9	0.3	0.3
7	型钢	t	2003004	—	—	—	—	0.012	0.012
8	钢管	t	2003008	—	—	—	—	0.008	0.008
9	组合钢模板	t	2003026	—	—	—	—	0.026	0.026
10	铁件	kg	2009028	—	—	—	—	15.3	15.3

续前页

单位:表列单位

序号	项目	单位	代号	修补裂缝		浆砌		混凝土	
				涂密封胶	环氧砂浆	片石	块石	片石混凝土	混凝土
				100m		10m^3			
				1	2	3	4	5	6
11	铁钉	kg	2009030	—	—	0.4	0.4	0.2	0.2
12	水	m^3	3005004	—	1	7	7	12	12
13	原木	m^3	4003001	—	—	0.072	0.072	0.072	0.072
14	锯材	m^3	4003002	—	—	0.051	0.051	0.082	0.082
15	密封胶	kg	5001767	22.1	—	—	—	—	—
16	环氧树脂	kg	5009009	—	3.1	—	—	—	—
17	中(粗)砂	m^3	5503005	—	0.01	4.14	3.14	4.17	4.9
18	片石	m^3	5505005	22.1	—	11.5	—	2.19	—
19	碎石(4cm)	m^3	5505013	—	—	—	—	7.2	8.47
20	块石	m^3	5505025	—	—	—	10.5	—	—
21	32.5级水泥	t	5509001	—	—	1.024	0.774	3.157	3.714
22	42.5级水泥	t	5509002	—	0.01	—	—	—	—
23	其他材料费	元	7801001	16.8	22.6	6.1	6.1	49.9	49.9
24	250L以内强制式混凝土搅拌机	台班	8005002	—	—	—	—	0.87	1
25	400L以内灰浆搅拌机	台班	8005010	—	—	0.18	0.15	—	—

续前页

单位：表列单位

序号	项 目	单位	代号	修补裂缝		浆砌		混凝土	
				涂密封胶	环氧砂浆	片石	块石	片石混凝土	混凝土
				100m		10m³			
				1	2	3	4	5	6
26	1m³/min 以内电动空气压缩机	台班	8017041	1.75	5.7	—	—	—	—
27	小型机具使用费	元	8099001	—	34.7	6.7	5.1	7.5	7.5
28	基价	元	9999001	5978	2133	4639	4193	6389	5951

注：封涂密封胶定额按裂缝宽度 0.15mm、胶厚 2mm 编制。

4-15 衬砌表层起层、剥离处治

工程内容 人工或机械凿除损坏混凝土:凿除混凝土表面、人工补凿个别部位。
人工或机械凿毛混凝土表面:凿毛混凝土表面、人工补凿个别部位。
吹净:清除表面浮尘。

单位:10m²

序号	项目	单位	代号	人工凿除		机械凿除		凿毛		吹净	
				凿(清)除表层厚度(cm)							
				1.0以内	每增0.5以内	2.0以内	每增0.5以内	人工	机械	压缩空气	高压射水
				1	2	3	4	5	6	7	8
1	人工	工日	1001001	5	1.3	1.4	0.3	3.5	1	0.2	0.3
2	手持式风动凿岩机	台班	8001102	—	—	1.24	0.25	—	0.64	—	—
3	φ50mm以内电动单级离心式清水泵	台班	8013001	—	—	—	—	—	—	—	0.23
4	1m³/min以内电动空气压缩机	台班	8017041	0.22	—	—	—	—	—	0.13	—
5	3m³/min以内机动空气压缩机	台班	8017047	—	—	0.58	0.11	—	0.4	—	—
6	小型机具使用费	元	8099001	8.7	2	11.5	2.5	7.7	9.4	5.3	8.9
7	基价	元	9999001	550	139	350	71	377	243	34	50

4-16 隧道衬砌空洞处理

工程内容 埋设注浆管:1)钻孔;2)钢管制作、埋设、封堵管外缝隙。
注水泥浆(水泥砂浆):1)施工台架移动;2)浆液制作、压浆、封孔。
注混凝土:1)施工台架移动;2)混凝土制作、压混凝土、封孔。

单位:表列单位

序号	项目	单位	代号	埋设注浆管 10m	注水泥浆 10m³	注水泥砂浆 10m³	注C25混凝土 10m³
				1	2	3	4
1	人工	工日	1001001	2	7.5	7.5	12.4
2	M25水泥砂浆	m³	1501007	—	—	(10.50)	—
3	C20水泥混凝土	m³	1526091	—	—	—	(10.50)
4	钢管	t	2003008	0.038	—	—	—
5	φ50mm以内合金钻头	个	2009004	1	—	—	—
6	电	kW·h	3005002	4	2	3	4
7	水	m³	3005004	1	9	7	12
8	砂	m³	5503004	—	—	10.15	—
9	中(粗)砂	m³	5503005	—	—	—	6.65
10	碎石(4cm)	m³	5505013	—	—	—	8.41
11	32.5级水泥	t	5509001	0.006	9.1	5.61	4.242
12	其他材料费	元	7801001	2.9	45.4	45.4	45.4

续前页 单位:表列单位

序号	项 目	单位	代号	埋设注浆管 10m	注水泥浆 10m³	注水泥砂浆 10m³	注C25混凝土 10m³
				1	2	3	4
13	手持式风动凿岩机	台班	8001102	1.2	—	—	—
14	250L以内强制式混凝土搅拌机	台班	8005002	—	—	—	0.93
15	400L以内灰浆搅拌机	台班	8005010	—	0.5	0.5	—
16	风动灌浆机	台班	8005018	—	1.1	1.1	—
17	60m³/h内混凝土输送泵车	台班	8005039	—	—	—	0.4
18	4t以内载货汽车	台班	8007003	—	0.4	0.4	—
19	9m³/min以内机动空气压缩机	台班	8017049	0.6	—	—	—
20	小型机具使用费	元	8099001	17.8	70.3	70.3	70.3
21	基价	元	9999001	899	4372	4861	6276

4-17 拱墙钻孔

工程内容 1)移动台架;2)定位;3)钻孔;4)清理现场。

单位:10m

序号	项目	单位	代号	φ50mm以内钻孔	φ100mm以内钻孔	φ120mm以内钻孔
				1	2	3
1	人工	工日	1001001	2	7	8.8
2	空心钢钎	kg	2009003	0.4	0.9	1.1
3	φ50mm以内合金钻头	个	2009004	0.2	—	—
4	φ150mm以内合金钻头	个	2009005	—	0.5	0.6
5	电	kW·h	3005002	22	22	22
6	水	m³	3005004	1	2	2
7	其他材料费	元	7801001	2.3	3.9	3.9
8	手持式风动凿岩机	台班	8001102	0.48	—	—
9	φ1125mm以内潜水钻机	台班	8011041	—	0.9	0.98
10	1.0t以内机动翻斗车	台班	8007046	0.03	0.05	0.05
11	12m³/min以内机动空气压缩机	台班	8017050	0.13	0.9	0.98
12	小型机具使用费	元	8099001	2.3	21.4	22.3
13	基价	元	9999001	366	2321	2652

4-18 凿除混凝土及瓷砖

工程内容 1)移动台架;2)凿除混凝土及瓷砖;3)人工补凿个别部位、吹净。

单位:表列单位

序号	项目	单位	代号	混凝土凿槽、洞 10m³	混凝土整体凿除 10m³	凿除瓷砖 10m²
				1	2	3
1	人工	工日	1001001	30	22	2
2	钢钎	kg	2009002	8	7.2	0.3
3	电	kW·h	3005002	5	4	1
4	其他材料费	元	7801001	17.5	14.6	1.9
5	电动凿岩机	台班	8001105	25	21	2
6	风动锻钎机	台班	8001128	2.1	1.8	0.05
7	3m³/min 以内机动空气压缩机	台班	8017047	2.5	2.85	0.2
8	小型机具使用费	元	8099001	17.82	17.8	1.8
9	基价	元	9999001	5196	4260	344

注:凿除钢筋混凝土定额人工增加3个工日。

4-19 隧道衬砌

工程内容 混凝土:1)脚手架移动;2)拱架及模板安装、拆除、修理、涂脱模剂、堆放;3)清理岩面、基底;4)混凝土浇筑、捣固及养护;5)钢筋除锈、运输、绑扎制作、焊接。
塑料板防水层:1)防水板运输至现场;2)下料;3)拼接就位;4)钻孔;5)钉锚固钉;6)焊接、检查。

单位:表列单位

序号	项目	单位	代号	模筑混凝土（模架）	仰拱混凝土	回填混凝土	钢筋	塑料板防水层
				$10m^3$			1t	$100m^2$
				1	2	3	4	5
1	人工	工日	1001001	13.8	2.6	3.5	11.3	4.1
2	C15 水泥混凝土	m^3	1526090	—	—	(10.40)	—	—
3	C25 水泥混凝土	m^3	1526092	(11.70)	(10.40)	—	—	—
4	HRB400 钢筋	t	2001002	—	—	—	1.025	—
5	8~12 号铁丝	kg	2001021	1.8	—	—	—	—
6	20~22 号铁丝	kg	2001022	—	—	—	3.1	—
7	型钢	t	2003004	0.008	—	—	—	—
8	钢板	t	2003005	0.028	—	—	—	—
9	电焊条	kg	2009011	—	—	—	4.3	—
10	铁件	kg	2009028	8.0	—	—	—	—
11	铁钉	kg	2009030	0.1	—	—	—	—

续前页

单位:表列单位

序号	项目	单位	代号	模筑混凝土（模架）	仰拱混凝土	回填混凝土	钢筋	塑料板防水层
				10m³			1t	100m²
				1	2	3	4	5
12	电	kW·h	3005002	15	8	8	8	5
13	水	m³	3005004	12	11	11	—	—
14	原木	m³	4003001	0.01	—	—	—	—
15	锯材	m³	4003002	0.02	0.01	—	—	—
16	塑料防水板	m²	5001010	—	—	—	—	113
17	中(粗)砂	m³	5503005	7.06	6.27	6.38	—	—
18	碎石(4cm)	m³	5505013	8.54	7.59	8.01	—	—
19	32.5级水泥	t	5509001	4.439	3.946	3.203	—	—
20	其他材料费	元	7801001	7.2	3.4	3.4	—	226.4
21	60m³/h以内混凝土输送泵车	台班	8005039	0.16	0.13	0.13	—	—
22	2t以内载货汽车	台班	8007001	0.04	—	—	0.04	—
23	32kV·A交流电弧焊机	台班	8015028	—	—	—	0.95	—
24	小型机具使用费	元	8099001	4.5	3.9	3.9	30.3	35.4
25	基价	元	9999001	6847	4816	4755	5734	2837

4-20 隧道衬砌裂缝封堵

工程内容 灌浆封闭:1)注浆器注胶、密封胶封缝、压气(水)检查、注浆器灌注胶、养护;2)空气压力灌注、环氧胶泥封缝、压气(水)检查、空气压灌、养护。

封涂封闭:1)裂缝凿V形槽、缝口处理、环氧胶液配置、涂刷、环氧砂浆配制作、涂刷及养护;2)裂缝凿毛、处理、成品密封胶涂抹、压刮及养护。

单位:100m

序号	项目	单位	代号	灌浆封闭		封涂封闭	
				注浆器注入灌注胶	空气压力灌注环氧树脂	环氧砂浆	密封胶
				$0.2mm \leq \delta \leq 0.5mm$	$0.2mm \leq \delta \leq 0.5mm$	V形槽	$\delta \leq 0.2mm$
				1	2	3	4
1	人工	工日	1001001	36	41	20	21
2	电	kW·h	3005002	5	5	5	5
3	灌缝胶	kg	5001439	34.68	—	—	—
4	注胶器	个	2026026	80	—	—	—
5	注胶座	个	5001491	420	—	—	—
6	密封胶	kg	5001767	11.8	—	—	22.1
7	环氧树脂	kg	5009009	—	54.38	3.14	—
8	中(粗)砂	m³	5503005	—	—	0.01	—
9	42.5级水泥	t	5509002	—	0.01	0.01	—
10	其他材料费	元	7801001	63.1	186.4	41.1	16.8

续前页

单位:100m

序号	项目	单位	代号	灌浆封闭		封涂封闭	
				注浆器注入灌注胶	空气压力灌注环氧树脂	环氧砂浆	密封胶
				0.2mm≤δ≤0.5mm	0.2mm≤δ≤0.5mm	V形槽	δ≤0.2mm
				1	2	3	4
11	3t以内载货汽车	台班	8007002	3.73	3.52	1.62	1.56
12	1m³/min以内电动空气压缩机	台班	8017041	3.23	2.08	5.56	2.01
13	3m³/min以内机动空气压缩机	台班	8017047	—	9.78	—	—
14	3kW以内电动手持冲击钻	台班	8011086	13	11.5	—	—
15	小型机具使用费	元	8099001	40.1	40.1	34.7	31.8
16	基价	元	9999001	12995	11349	3265	3760

注:1. 环氧砂浆封涂定额,V形槽按槽口宽10~20mm、槽深5mm计算;专用密封胶定额,按涂抹厚2mm、宽度5cm计算,实际不同时,可调整。

2. 空气压力灌注环氧树脂及采用环氧胶泥封缝堵漏,采用水泥砂浆、环氧砂浆或麻面条等材料时,环氧胶泥换成实际使用的材料,但是人工、机械消耗保持不变。

3. 灌浆裂缝宽分别按压注环氧树脂 $\delta = 0.5mm$、注入灌注胶 $\delta = 0.5mm$ 计算,深均按10cm计算,实际不同时,可调整。

4-21 衬砌表面腐蚀处理

工程内容 1）移动脚手架;2）清除剥落、松散表面;3）砂浆配制、运料、拌和、运输、喷射;4）初期养护。

单位:100m²

序号	项目	单位	代号	水泥砂浆保护层(4cm)	水泥砂浆保护层每增减1cm	水泥混凝土保护层(6cm)	水泥混凝土保护层每增减1cm
				1	2	3	4
1	人工	工日	1001001	21.2	4.3	34.2	5.2
2	M20水泥砂浆	m³	1501006	(6.00)	(1.50)	—	—
3	C35水泥混凝土	m³	1526094	—	—	(9.00)	(1.50)
4	8~12号铁丝	kg	2001021	0.3	0.1	0.3	0.1
5	钢管	t	2003008	0.009	0.002	0.009	0.001
6	铁钉	kg	2009030	0.3	0.1	0.3	0.1
7	电	kW·h	3005002	17	4	25	4
8	水	m³	3005004	18	4	14	2
9	锯材	m³	4003002	0.03	0.008	0.038	0.005
10	中(粗)砂	m³	5503005	6.18	1.54	4.05	0.68
11	碎石(2cm)	m³	5505012	—	—	7.02	1.17
12	32.5级水泥	m³	5509001	2.814	0.703	4.05	0.675
13	其他材料费	元	7801001	194.2	43.7	258.3	42.7

续前页
单位：100m²

序号	项 目	单位	代号	水泥砂浆保护层(4cm)	水泥砂浆保护层每增减1cm	水泥混凝土保护层（6cm）	水泥混凝土保护层每增减1cm
				1	2	3	4
14	350L以内强制式混凝土搅拌机	台班	8005003	—	—	0.83	0.14
15	200L以内灰浆搅拌机	台班	8005009	0.82	0.21	—	—
16	4~6m³/h混凝土喷射机	台班	8005011	1.3	0.37	1.55	0.26
17	1.0t以内机动翻斗车	台班	8007046	1.65	0.41	3.21	0.53
18	φ100mm以内电动单级离心清水泵	台班	8013002	1.43	—	2.15	0.53
19	9m³/min以内机动空气压缩机	台班	8017049	1.35	0.31	1.9	0.35
20	小型机具使用费	元	8099001	44.55	8.5	44.5	7.1
21	基价	元	9999001	6920	1587	10632	1747

4−22　围岩破碎和危石处理

工程内容　1)脚手架安拆;2)人工打眼、小爆破;3)装运、清理;4)除去剥落和松散表层、清理、运输。

单位:10m³

序号	项目	单位	代号	危石处理
				1
1	人工	工日	1001001	9
2	钢钎	kg	2009002	0.42
3	硝铵炸药	kg	5005002	3.57
4	导火线	m	5005003	23.42
5	普通雷管	个	5005006	16.17
6	其他材料费	元	7801001	2.9
7	5t以内自卸汽车	元	8007012	0.46
8	基价	元	9999001	1331

4−23 隧道渗、漏水处治

工程内容 1)配料,运料,拌和,压浆;2)刻槽,埋管线,填缝;3)刷粘胶,水泥砂浆配运料、拌和、找平。

单位:1m²

序号	项目	单位	代号	处治渗、漏水
				钻孔压浆
				1
1	人工	工日	1001001	2
2	32.5级水泥	t	5509001	0.629
3	中(粗)砂	m³	5503005	0.535
4	其他材料费	元	7801001	0.5
5	φ65mm以内砂泵	台班	8013025	0.034
6	9m³/min以内机动空气压缩机	台班	8017049	0.026
7	小型机具使用费	元	8099001	2.8
8	基价	元	9999001	566

4-24 隧道涂装

工程内容 洞身抹灰:1)清理;2)修补、湿润表面、堵眼;3)调运砂浆、分层抹灰找平、刷浆、清扫。
贴马赛克:1)清理;2)调运砂浆、砂浆找平;3)贴陶瓷马赛克;4)匀缝、清理净面;
拱顶喷涂:1)脚手架安拆、移动;2)清洗壁面;3)刷胶水;4)喷涂饰面料。

单位:100m²

序号	项目	单位	代号	洞身抹灰	贴马赛克	拱顶喷涂
				1	2	3
1	人工	工日	1001001	7.66	60.37	10.56
2	混合砂浆	m³	1526072	(3.46)	—	—
3	水泥砂浆(1:2.5)	m³	1501014	—	(3.74)	—
4	原木	m³	4003001	—	—	0.009
5	锯木	m³	4003002	—	—	0.008
6	8~12号铁丝	kg	2001021	—	—	0.9
7	铁钉	kg	2009030	—	—	0.1
8	32.5级水泥	t	5509001	0.861	2.239	—
9	白水泥	kg	5509005	—	30	—
10	中(粗)砂	m³	5503005	7.125	3.48	—
11	涂料	kg	5009004	—	—	45
12	电	kW·h	3005002	—	—	27

续前页

单位:100m²

序号	项目	单位	代号	洞身抹灰	贴马赛克	拱顶喷涂
				1	2	3
13	水	m³	3005004	—	5.05	1
14	石膏粉	m³	5026046	0.71	—	—
15	马赛克	m²	5507001	—	136.88	—
16	其他材料费	元	7801001	3.17	15.6	21.2
17	小型机具使用费	元	8099001	17.28	27.92	—
18	基价	元	9999001	2724	15221	1794

4-25 衬砌变形、开裂处理

工程内容 钢筋网:1)制作;2)挂网;3)绑扎;4)点焊;5)移动脚手架。
混凝土:1)凿除破损部分;2)混凝土配运料、拌和、运输;3)喷射混凝土;4)捣固及养生。

单位:表列单位

序号	项目	单位	代号	钢筋网	混凝土	
					喷射	模筑
				1t	10m³	
				1	2	3
1	人工	工日	1001001	24.68	35.04	26.76
2	C20 水泥混凝土	m³	1526091	—	(12.00)	(10.2)
3	原木	m³	4003001	—	—	0.012
4	HPB300 钢筋	t	2001001	1.025	—	—
5	锯木	m³	4003002	—	0.009	0.024
6	型钢	t	2003004	—	—	0.008
7	钢板	t	2003005	—	—	0.028
8	铁件	kg	2009028	—	—	8
9	铁钉	kg	2009030	—	—	0.1
10	8~12号铁丝	kg	2001021	—	—	1.8
11	20~22号铁丝	kg	2001022	0.9	—	—

续前页 单位：表列单位

序号	项　目	单位	代号	钢筋网	混凝土	
					喷射	模筑
				1t	10m^3	
				1	2	3
12	电焊条	kg	2009011	13.3	—	—
13	32.5级水泥	t	5509001	—	5.34	3.488
14	电	kW·h	3005002	—	42	31
15	水	m^3	3005004	—	23	12
16	中(粗)砂	m^3	5503005	—	8.858	5
17	碎石(2cm)	m^3	5505012	—	8.630	—
18	碎石(4cm)	m^3	5505013	—	—	8.67
19	其他材料费	元	7801001	—	332.25	—
20	32kV·A交流电弧焊机	台班	8015028	3.3	—	—
21	250L以内强制式混凝土搅拌机	台班	8005002	—	4.02	0.98
22	混凝土喷射机	台班	8005011	—	4.02	—
23	1.0t以内机动翻斗车	台班	8007046	—	5.73	2.84
24	9m^3/min以内机动空气压缩机	台班	8017049	—	3.1	—
25	小型机具使用费	元	8099001	—	117.45	—
26	基价	元	9999001	7325	15225	8008

4-26 隧道通风设备的维修与更换

工程内容 维修:1)脚手架安拆、移动;2)电动整修;3)预埋铁件除锈油漆;4)排除风机各种隐患。
更换:1)脚手架安拆、移动;2)预埋铁件除锈油漆;3)风机拆除更换。

单位:1台

序号	项目	单位	代号	通风设备维修 1	通风设备更换 2
1	人工	工日	1001001	10.86	28.96
2	铁板	t	2026017	—	0.177
3	钢管	t	2003008	—	0.011
4	通风设备	台	7526001	—	1
5	铁件	kg	2009028	4.95	8.25
6	防锈漆	kg	5009030	3.18	—
7	32.5级水泥	t	5509001	—	0.014
8	中(粗)砂	m³	5503005	—	0.105
9	油漆溶剂油	kg	5009027	0.13	—
10	其他材料费	元	7801001	33.11	47.3
11	4t以内载货汽车	台班	8007003	1.18	1.97
12	小型机具使用费	元	8099001	51.82	86.37
13	基价	元	99990011	1890	4910

4-27 隧道照明灯具更换

工程内容 1)脚手架安拆、移动;2)电气线路检查及照明灯具维修、更换。

单位:10 套

序号	项目	单位	代号	嵌入式	敞开式	密封式
				1	2	3
1	人工	工日	1001001	7.38	6.51	9.85
2	照明灯具	盏	7509001	10.1	10.1	10.1
3	绝缘电线	m	2026020	5.36	2.18	1.86
4	其他材料费	元	7801001	2.21	1.53	1.47
5	4t 以内载货汽车	台班	8007003	1.15	1.22	1.36
6	小型机具使用费	元	8099001	37.98	40.29	44.92
7	基价	元	9999001	5406	5349	5776

第五章 安全设施

说 明

本章定额包括路面标线修复,波形梁护栏更换、校正,钢筋混凝土柱式护栏更换,钢筋混凝土柱式护栏涂漆,维修石砌墙式护栏,分隔带防眩板更换,预制及安装里程碑、百米桩、界桩,里程碑、百米桩刷漆,路缘石修复,隔离栅修复,轮廓标、路钮更换,金属标志牌,公路标志牌喷漆,补齐反光帽,养护作业安全设置布置,人工清洗交通安全设施,油漆、刷白、粘贴反光膜共17个项目。

(1)定额中波形钢板、Z形柱、型钢立柱、钢板网、钢板标志、铝合金标志、柱式轮廓标、路钮等均为成品,编制预算时按成品价格计算。

(2)水泥混凝土构件的预制、安装定额中,均包括了混凝土及构件运输的工程内容,编制预算时,不得另行计算。

(3)墙式护栏浆砌石料,在使用前必须浇水湿润,浇水工已包括在砌筑定额内。

(4)工程量计算规则:

①路面标线按画线的净面积计算。

②钢板防眩板按钢板的总重量计算;玻璃钢防眩板定额中已综合了连接螺栓、螺母等附件,编制预算时,不得另行计算。

③隔离栅中钢管柱按钢管与网框型钢的总重量计算,网面按钢板网总重量计算,钢管柱定额中已综合了螺栓、

螺母、垫圈及柱帽钢板的数量,编制预算时,不得另行计算;钢板网面积按各网框外边缘所包围的净面积之和计算;刺铁丝网按刺铁丝的总重量计算。

④金属标志牌按板面、立柱、横梁、法兰盘及加固槽钢、螺栓、螺母、垫板、抱箍、滑板等的总重量计算。

⑤养护作业安全设施中将布置在一个作业区域内的所有安全设施及安全员计为一套。

5-1　路面标线修复

工程内容　1)清除旧标线;2)清扫路面、放样、画线。

单位:100m²

序号	项目	单位	代号	旧标线清除	人工画线	画线机画线	汽车划线	热熔标线
				1	2	3	4	5
1	人工	工日	1001001	5.6	5.7	2.3	2.3	5.3
2	标线漆	kg	5009003	—	49	49	49	—
3	热熔漆	kg	5026008	—	—	—	—	469.2
4	反光玻璃珠	kg	6007003	—	—	—	—	37
5	其他材料费	元	7801001	—	—	—	—	128
6	材料总重量	t	7905001	—	0.1	0.1	0.1	0.5
7	热熔标线设备	台班	8003070	—	—	—	—	0.51
8	2.2kW以内手扶自行式路面画线车	台班	8003071	—	—	0.7	—	—
9	车载式汽车式画线车	台班	8003073	—	—	—	0.44	—
10	4t以内载货汽车	台班	8007003	—	—	0.7	—	0.58
11	小型机具使用费	元	8099001	28	33.3	—	—	—
12	基价	元	9999001	619	1405	1489	1308	7383

注:标线器含反光玻璃珠。

5－2 振荡减速标线

工程内容 1）清扫路面、放样；2）涂底漆,加热、熔融热塑型标线涂料,画线等全部工程内容。

单位：100m²

序号	项目	单位	代号	振荡热熔标线
				1
1	人工	工日	1001001	9.8
2	底油	kg	5009007	24.02
3	反光玻璃珠	kg	6007003	33
4	热熔振荡标线涂料	kg	5026040	758.5
5	其他材料费	元	7801001	68.6
6	4t以内载货汽车	台班	8007003	1.06
7	小型机具使用费	元	8099001	50.47
8	多功能热熔画线机	台班	8026051	1.06
9	基价	元	9999001	5428

5-3 波形钢板护栏更换、校正

工程内容 1)拆除波形钢板;2)拆、打立柱;3)安装波形钢板、校正。

单位:表列单位

序号	项目	单位	代号	拆除 钢管柱、Z形柱 100根	打入 钢管柱 100根	打入 Z形柱 100根	波形钢板(单面) 拆除 2m板 100m	波形钢板(单面) 拆除 4m板 100m	波形钢板(单面) 安装 2m板 100m	波形钢板(单面) 安装 4m板 100m	校正 100mm
				1	2	3	4	5	6	7	8
1	人工	工日	1001001	2.2	1.1	1.1	4.0	2	1.2	1	18.6
2	钢管	t	2003008	—	2.18	—	—	—	—	—	—
3	螺栓	kg	2009013	—	—	—	—	—	69.3	34.8	—
4	型钢立柱	t	2003016	—	—	1.9	—	—	—	—	—
5	波形钢板	t	2003017	—	—	—	—	—	1	1	—
6	其他材料费	元	7801001	—	—	—	1	0.5	—	—	266.6
7	材料总重量	t	7905001	—	2.2	1.9	—	—	1.4	1.3	—
8	道路养护车	台班	8003105	0.74	0.37	0.37	1.1	1	—	—	0.64
9	4t以内载货汽车	台班	8007003	—	0.2	0.17	—	—	0.12	0.12	—
10	基价	元	9999001	791	11303	9145	1254	967	5804	5331	2714

注:若波形钢板为双面波形钢板,定额人工、机械乘以系数0.9。

5−4 钢筋混凝土柱式护栏更换

工程内容 1)预制钢筋混凝土柱式护栏全部工序;2)护栏油漆;3)挖除破损护栏、清底、柱脚填石(砂浆)、固定、埋置、夯实。

单位:10 根

序号	项 目	单位	代号	设 置 部 位	
				土路肩上	挡土墙上
				1	2
1	人工	工日	1001001	9.6	6.7
2	C20 水泥混凝土	m³	1526091	(0.53)	(0.33)
3	锯材	m³	4003002	0.05	0.03
4	HPB300 钢筋	t	2001001	0.03	0.02
5	铁钉	kg	2009030	1.6	1
6	20~22 号铁丝	kg	2001022	0.2	0.1
7	油漆	kg	5009002	2.9	1.8
8	32.5 级水泥	t	5509001	0.16	0.1
9	水	m³	3005004	1	1
10	中(粗)砂	m³	5503005	0.26	0.16
11	碎石(4cm)	m³	5505013	0.45	0.28
12	其他材料费	元	7801001	5.14	3.4
13	材料总重量	t	7905001	1.2	0.8
14	4t 以内载货汽车	台班	8007003	0.14	0.09
15	小型机具使用费	元	8099001	1.5	1.2
16	基价	元	9999001	1585	1069

5-5 钢筋混凝土柱式护栏涂漆

工程内容 清扫尘土,涂漆两遍。

单位:100 根

序号	项目	单位	代号	涂漆
				1
1	人工	工日	1001001	5.2
2	油漆	kg	5009002	20
3	其他材料费	元	7801001	10
4	材料总重量	t	7905001	0.1
5	基价	元	9999001	942

5-6 维修石砌墙式护栏

工程内容 1)拆除破损部分,清除石渣;2)洗料,配、拌砂浆;3)砌筑,勾缝;4)养生,涂漆。

单位:10m³

序号	项目	单位	代号	修补		拆除浆砌圬工
				浆砌片石	浆砌块石	
				1	2	3
1	人工	工日	1001001	27.1	26.2	8.2
2	M7.5 水泥砂浆	m³	1501002	(3.5)	(2.7)	—
3	M10 水泥砂浆	m³	1501003	(0.45)	(0.27)	—
4	油漆	kg	5009002	27.4	27.4	—
5	32.5 级水泥	t	5509001	1.094	0.819	—
6	水	m³	3005004	17	17	—
7	中(粗)砂	m³	5503005	4.3	3.23	—
8	片石	m³	5505005	11.5	—	—
9	块石	m³	5505025	—	10.5	—
10	其他材料费	元	7801001	16	16	—
11	材料总重量	t	7905001	26	25.1	—
12	基价	元	9999001	6570	5989	866

5−7 分隔带防眩板更换

工程内容 拆除、制作、安装。

单位:100块

序号	项目	单位	代号	玻璃钢防眩板		钢板防眩板
				拆除	安装	
				1	2	3
1	人工	工日	1001001	8.6	12.6	14.2
2	型钢	t	2003004	—	—	0.012
3	钢板	t	2003005	—	—	0.472
4	钢管	t	2003008	—	0.56	0.567
5	电焊条	kg	2009011	—	34.3	34.3
6	油漆	kg	5009002	—	36.6	36.6
7	玻璃钢防眩板	块	6007018	—	102	—
8	其他材料费	元	7801001		—	215
9	材料总重量	t	7905001		1.3	1.1
10	32kV·A交流电弧焊机	台班	8015028	—	—	7.47
11	小型机具使用费	元	8099001	—	—	35.1
12	基价	元	9999001	908	8029	8705

5-8 预制、安装里程碑、百米桩、界桩

工程内容 1)混凝土及钢筋的全部工序;2)油漆;3)挖洞、埋设、回填。

单位:表列单位

序号	项目	单位	代号	里程碑		百米桩		界桩
				混凝土	铝合金	混凝土	铝合金	
				100块	100块	100块	10块	100块
				1	2	3	4	5
1	人工	工日	1001001	83.4	14.1	3.8	1.3	62.7
2	C10 水泥混凝土	m³	1526089	(6.12)	—	—	—	(7.14)
3	C25 水泥混凝土	m³	1526092	(5.51)	—	(0.51)	—	(2.75)
4	锯材	m³	4003002	0.367	—	0.075	—	0.255
5	HPB300 钢筋	t	2001001	0.267	—	0.071	—	0.184
6	钢管立柱	t	2003015	—	1.45	—	—	—
7	铁钉	kg	2009030	11.2	39	2.3	—	7.8
8	20~22 号铁丝	kg	2001022	1.3	—	0.4	—	0.9
9	铝合金标志	t	6007002	—	0.9	—	0.05	—
10	油漆	kg	5009002	30.5	—	4.5	—	16.2
11	反光膜	m²	6007004	—	35	—	1.6	—
12	32.5 级水泥	t	5509001	3.325	—	0.188	—	2.526

续前页

单位：表列单位

序号	项目	单位	代号	里程碑 混凝土 100块	里程碑 铝合金 100块	百米桩 混凝土 100块	百米桩 铝合金 10块	界桩 100块
				1	2	3	4	5
13	水	m³	3005004	16	—	1	—	13
14	中(粗)砂	m³	5503005	6.19	—	0.24	—	5.46
15	碎石(2cm)	m³	5505012	4.41	—	0.41	—	2.2
16	碎石(8cm)	m³	5505015	5.08	—	—	—	5.93
17	其他材料费	元	7801001	46.2	50	25	50	30
18	材料总重量	t	7905001	27.4	2.3	1.2	0.1	23.3
19	250L以内强制式混凝土搅拌机	台班	8005002	0.37	—	0.03	—	0.18
20	4t以内载货汽车	台班	8007003	1.5	2.38	0.14	—	0.75
21	小型机具使用费	元	8099001	15	35.8	8.6	—	12
22	基价	元	9999001	16655	26500	1250	327	12467

5-9 里程碑、百米桩刷漆

工程内容 1)清刷干净、涂油漆一遍;2)描字、扶正。

单位:100块

序号	项目	单位	代号	里程碑	百米桩
				1	2
1	人工	工日	1001001	12.4	4.2
2	油漆	kg	5009002	18.3	3
3	其他材料费	元	7801001	15	4.6
4	材料总重量	t	7905001	0.1	0.1
5	基价	元	9999001	1674	505

5-10 路缘石修复

工程内容 1)预制;2)挖除;3)挖槽;4)安装;5)回填。

单位:10m³

序号	项 目	单位	代号	预制	拆除	安装
				1	2	3
1	人工	工日	1001001	47.8	19.1	31.4
2	预制构件	m³	1517001	—	—	(10.10)
3	C25 水泥混凝土	m³	1526092	(10.10)	—	—
4	M10 水泥砂浆	m³	1501003	—	—	(0.93)
5	锯材	m³	4003002	0.08	—	—
6	铁钉	kg	2009030	2.80	—	—
7	32.5 级水泥	t	5509001	3.384	—	0.299
8	水	m³	3005004	16	—	2
9	中(粗)砂	m³	5503005	4.85	—	1.00
10	碎石(4cm)	m³	5505013	8.38	—	—
11	其他材料费	元	7801001	27.0	—	—
12	材料总重量	t	7905001	23.30	—	1.80
13	250L 以内强制式混凝土搅拌机	台班	8005002	0.68	—	—
14	4t 以内载货汽车	台班	8007003	—	1.71	2.75
15	小型机具使用费	元	8099001	7.3	—	—
16	基价	元	9999001	9385	2876	5032

5-11 隔离栅修复

工程内容 钢板网:1)拆除;2)角钢焊接;3)裁网;4)电焊;5)油漆。
钢管立柱:1)拆除;2)制作;3)安装。
刺铁丝:1)截丝;2)挂丝;3)绑扎。
钢筋混凝土立柱:1)预制、拆除;2)挖基安装;3)回填夯实。
浸塑网:1)拆除;2)安装;3)网面校正。

Ⅰ.钢板网、刺丝网 单位:表列单位

序号	项目	单位	代号	钢板网				刺丝网			
				网面拆除	网面制作、安装	钢管柱拆除	钢管柱制作、安装	刺铁丝	钢筋混凝土立柱		基础拆除、埋设
									预制	钢筋	
				100m²		1t		1t	10m³	1t	10处
				1	2	3	4	5	6	7	8
1	人工	工日	1001001	1.3	15.3	2	13.3	59	67.5	12.5	17
2	C20 水泥混凝土	m³	1526091	—	—	—	—	—	(10.1)	—	(2.06)
3	原木	m³	4003001						0.085		
4	HPB300 钢筋	t	2001001							1.025	
5	型钢	t	2003004				0.788		0.02		
6	钢管	t	2003008				0.267				
7	电焊条	kg	2009011	—	34.4	—	9.4	—	—	—	—

续前页

单位:表列单位

序号	项目	单位	代号	钢板网 网面拆除 100m²	钢板网 网面制作、安装 100m²	钢板网 钢管柱拆除 1t	钢板网 钢管柱制作、安装 1t	刺丝网 刺铁丝 1t	刺丝网 钢筋混凝土立柱 预制 10m³	刺丝网 钢筋混凝土立柱 钢筋 1t	刺丝网 基础 拆除、埋设 10处
				1	2	3	4	5	6	7	8
8	组合钢模板	t	2003026	—	—	—	—	—	0.139	—	—
9	铁件	kg	2009028	—	—	—	—	—	76.8	—	—
10	8～12号铁丝	kg	2001021	—	—	—	—	22.5	—	—	—
11	20～22号铁丝	kg	2001022	—	—	—	—	—	—	5.1	—
12	刺铁丝	kg	2001023	—	—	—	—	1020	—	—	—
13	钢板网	m²	2001025	—	102.5	—	—	—	—	—	—
14	油漆	kg	5009002	—	71.4	—	—	—	—	—	—
15	32.5级水泥	t	5509001	—	—	—	—	—	3.1	—	0.614
16	水	m³	3005004	—	—	—	—	—	16	—	3
17	中(粗)砂	m³	5503005	—	—	—	—	—	4.95	—	1.01
18	碎石(4cm)	m³	5505013	—	—	—	—	—	8.48	—	1.73
19	其他材料费	元	7801001	—	—	—	30	—	315.2	—	—
20	材料总重量	t	7905001	—	0.6	—	1.1	1.1	23.6	1	4.7
21	250L以内强制式混凝土搅拌机	台班	8005002	—	—	—	—	—	0.69	—	—

续前页
单位：表列单位

序号	项　目	单位	代号	钢　板　网				刺　丝　网			
				网面拆除	网面制作、安装	钢管柱拆除	钢管柱制作、安装	刺铁丝	钢筋混凝土立柱		基础
									预制	钢筋	拆除、埋设
				100m²		1t		1t	10m³	1t	10处
				1	2	3	4	5	6	7	8
22	4t以内载货汽车	台班	8007003	0.08	0.08	0.42	1.05	0.08	—	—	2.78
23	32kV·A交流电弧焊机	台班	8015028	—	8.68	—	2.16	—	—	—	—
24	小型机具使用费	元	8099001	—	—	—	50	—	13.6	21.6	—
25	基价	元	9999001	177	6957	422	6736	13078	12855	5419	3391

Ⅱ. 浸 塑 网

单位:表列单位

序号	项目	单位	代号	浸塑网 安装立柱 10根 9	浸塑网 安装网面 100m² 10
1	人工	工日	1001001	1.7	5.1
2	C20水泥混凝土	m³	1526091	(0.16)	—
3	螺栓	kg	2009013	—	13
4	浸塑网	m²	5026022	—	100
5	立柱	根	2026002	10	—
6	32.5级水泥	t	5509001	0.051	—
7	水	m³	3005004	1	—
8	中(粗)砂	m³	5503005	0.08	—
9	砾石(2cm)	m³	5505001	0.13	—
10	材料总重量	t	7905001	—	—
11	基价	元	9999001	741	3909

5-12 轮廓标

工程内容 柱式轮廓标:1)加工成型、油漆、剪贴反光膜;2)挖洞、埋设、钢筋安设、回填夯实;3)柱脚混凝土的全部工序。
　　　　　栏式轮廓标:1)制作、贴反光膜;2)螺栓固定。

单位:表列单位

序号	项目	单位	代号	柱式轮廓标(100根)		柱式轮廓标(100块)
				钢板柱	玻璃钢柱	
				1	2	3
1	人工	工日	1001001	21.8	14	2.1
2	C20水泥混凝土	m³	1526091	(1.84)	(1.84)	—
3	HPE300钢筋	t	2001001	0.05	0.05	—
4	镀锌钢板	t	2003012	—	—	0.09
5	型钢立柱	t	2003016	1.19	—	—
6	铁件	kg	2009028	—	—	16.5
7	反光膜	m²	6007004	1.6	1.6	3.5
8	玻璃钢轮廓标	根	5026010	—	100	—
9	32.5级水泥	t	5509001	0.548	0.548	—
10	水	m³	3005004	3	3	—
11	中(粗)砂	m³	5503005	0.9	0.9	—
12	碎石(4cm)	m³	5505013	1.55	1.55	—

续前页

单位:表列单位

序号	项目	单位	代号	柱式轮廓标(100根)		柱式轮廓标(100块)
				钢板柱	玻璃钢柱	
				1	2	3
13	其他材料费	元	7801001	4.8	4.8	3.6
14	材料总重量	t	7905001	5.5	5.1	—
15	4t以内载货汽车	台班	8007003	1.05	1.05	—
16	基价	元	9999001	9229	15979	893

注:栏式轮廓标如安装在波形钢板护栏时,应扣减定额中铁件的数量。

5-13 金属标志牌

工程内容 1)挖基、回填;2)现浇混凝土的全部工序;3)安装标志的全部工序。

单位:表列单位

序号	项目	单位	代号	基础 混凝土 10m³	基础 钢筋 1t	单柱标志 钢板	单柱标志 铝合金板	双柱标志 钢板	双柱标志 铝合金板
						10t			
				1	2	3	4	5	6
1	人工	工日	1001001	47.7	19.6	32.3	38.1	13.7	17
2	C20 水泥混凝土	m³	1526091	(10.2)	—	—	—	—	—
3	锯材	m³	4003002	0.01	—	—	—	—	—
4	HPB300 钢筋	t	2001001	—	1.025	—	—	—	—
5	型钢	t	2003004	0.017	—	—	—	—	—
6	组合钢模板	t	2003026	0.035	—	—	—	—	—
7	铁件	kg	2009028	16.5	—	—	—	—	—
8	20~22 号铁丝	kg	2001022	—	5.1	—	—	—	—
9	钢板标志	t	6007001	—	—	10	—	10	—
10	铝合金标志	t	6007002	—	—	—	10	—	11
11	反光膜	m²	6007004	—	—	606	963.1	615.2	1028
12	32.5 级水泥	t	5509001	3.42	—	—	—	—	—

续前页 单位：表列单位

序号	项目	单位	代号	基础 混凝土 10m³	基础 钢筋 1t	单柱标志 钢板 10t	单柱标志 铝合金板 10t	双柱标志 钢板 10t	双柱标志 铝合金板 10t
				1	2	3	4	5	6
13	水	m³	3005004	16	—	—	—	—	—
14	中(粗)砂	m³	5503005	4.9	—	—	—	—	—
15	碎石(4cm)	m³	5505013	8.47	—	—	—	—	—
16	其他材料费	元	7801001	103.8	—	—	—	—	—
17	材料总重量	t	7905001	23.5	1	10	10	10	10
18	4t以内载货汽车	台班	8007003	—	—	7.58	8.82	3.03	3.69
19	6t以内载货汽车	台班	8007005						
20	5t以内汽车式起重机	台班	8009025	—	—	7.58	8.82	3.03	3.69
21	小型机具使用费	元	8099001	4	—	—	—	—	—
22	基价	元	9999001	9532	6147	103571	215703	96639	209794

续前页

单位:表列单位

序号	项目	单位	代号	单悬臂标志		双悬臂标志		门架标志
				钢板	铝合金板	钢板	铝合金板	钢板
				10t				
				7	8	9	10	11
1	人工	工日	1001001	5.6	6.1	9.4	10.5	14.9
2	C25 水泥混凝土	m³	1526092	—	—	—	—	—
3	锯材	m³	4003002	—	—	—	—	—
4	HPB300 钢筋	t	2001001	—	—	—	—	—
5	型钢	t	2003004	—	—	—	—	—
6	组合钢模板	t	2003026	—	—	—	—	—
7	铁件	kg	2009028	—	—	—	—	—
8	20~22 号铁丝	kg	2001022	—	—	—	—	—
9	钢板标志	t	6007001	10	—	10	—	10
10	铝合金标志	t	6007002	—	10	—	10	—
11	反光膜	m²	6007004	501.7	1018.1	361.7	741.3	474.2
12	32.5 级水泥	t	5509001	—	—	—	—	—
13	水	m³	3005004	—	—	—	—	—
14	中(粗)砂	m³	5503005	—	—	—	—	—
15	碎石(4cm)	m³	5505013	—	—	—	—	—

续前页

单位：表列单位

序号	项目	单位	代号	单悬臂标志		双悬臂标志		门架标志
				钢板	铝合金板	钢板	铝合金板	钢板
				10t				
				7	8	9	10	11
16	其他材料费	元	7801001	—	—	—	—	—
17	材料总重量	t	7905001	10	10	10	10	10
18	4t以内载货汽车	台班	8007003	0.91	1.04	2.09	2.34	—
19	6t以内载货汽车	台班	8007005	—	—	—	—	1.83
20	5t以内汽车式起重机	台班	8009025	0.91	1.04	2.09	2.34	1.83
21	小型机具使用费	元	8099001	—	—	—	—	—
22	基价	元	9999001	89320	205211	86163	197439	90374

注：1. 钢板标志、铝合金标志为外购的成品，包括板面、立柱、横梁、法兰盘制作以及焊接、喷漆、描绘图案、剪贴反光膜。
2. 下页续表为标志牌参考重量表。

续前页

名　称		板面尺寸（cm）	板面重量（kg）		立柱重量（kg）		横梁重量（kg）		总重量（kg）	一个标志的基础圬工	
			板	附件	柱	法兰盘	横梁	法兰盘		25号混凝土（m³）	钢筋（t）
单柱式	铝合金板	120×90	6.83	5.42	39.78	67	—	—	119	1.28	0.0215
	钢板	120×90	17	15.4	55.6	67	—	—	155	1.28	0.0215
双柱式	铝合金板	300×150	29.38	21.04	141.32	163.8	—	—	356	4.52	0.0176
	钢板	300×150	70.65	73.8	151.75	163.8	—	—	460	4.52	0.0176
双悬臂式	铝合金板	273×90	32.66	27.84	200.39	69.98	109.95	66.18	507	2.14	0.0169
	钢板	273×90	77.09	77.08	180.72	69.98	109.95	66.18	581	2.14	0.0169
单悬臂式	铝合金板	400×180	45.37	36.51	551.05	238.04	276.99	110.04	1258	3.72	0.046
	钢板	400×180	113.04	118.76	576.13	238.04	276.99	110.04	1433	3.72	0.046
门架式	钢板	320×200	301.44	159.99	962.67	189.84	1216.06	51.18	2881	4.03	0.151
备注			附件包括加固槽钢、抱箍、螺栓、滑块								

5-14 公路标志牌喷漆

工程内容 1)立平台、梯子;2)喷漆一遍。

单位:10m²

序号	项目	单位	代号	喷漆
				1
1	人工	工日	1001001	2.6
2	油漆	kg	5009002	2.6
3	其他材料费	元	7801001	6
4	材料总重量	t	7905001	0.1
5	2t以内载货汽车	台班	8007001	0.78
6	基价	元	9999001	612

5-15 拆除标志标牌

工程内容 1）拆除标志牌；2）吊装拆除构件；3）清理现场、整堆材料。

单位：1个

序号	项目	单位	代号	拆除标志标牌		
				单柱式、单悬臂式	双柱式、双悬臂式	门架式
				1	2	3
1	人工	工日	1001001	0.4	0.6	4.05
2	其他材料费	元	7801001	55	55	55
3	5t以内载货汽车	台班	8007004	0.15	0.4	—
4	10t以内载货汽车	台班	8007007	—	—	1.04
5	5t以内汽车式起重机	台班	8009025	0.15	0.4	1.04
6	10m以内高空作业车	台班	8009046	—	—	1.04
7	基价	元	9999001	285	619	2381

5-16 弯道反光镜更换

工程内容 拆除:拆除弯道反光镜的全部组件、装、运、清理现场等。
安装:螺栓固定、安装的全部工序。

单位:10 套

序号	项目	单位	代号	拆除	安装
				1	2
1	人工	工日	1001001	7.6	10.8
2	膨胀螺栓	套	2009015	—	41.6
3	弯道反光镜	套	5026041	—	10
4	3t 以内载货汽车	台班	8007002	0.95	1.35
5	基价	元	9999001	1206	3839

5-17 补齐反光帽

工程内容 1)拆除损坏反光帽;2)涂环氧树脂胶;3)安装新反光帽。

单位:100 个

序号	项目	单位	代号	15cm×10cm 型	30cm×10cm 型
				1	2
1	人工	工日	1001001	0.4	0.6
2	15cm×10cm 型反光帽	个	2026038	100	—
3	30cm×10cm 型反光帽	个	2026039	—	100
4	环氧树脂	kg	5009009	5	6
5	其他材料费	元	7801001	20	20
6	基价	元	9999001	788	875

5-18 养护作业安全设施布置

工程内容 安全设施的安装、拆除、移动、养护。

单位:1套·天

序号	项目	单位	代号	改变交通流向 1	左(右)车道封闭 2	进(出)口匝道 3	小范围、短周期维修 4
1	人工	工日	1001001	0.4	0.3	0.1	1.1
2	施工标志牌	块	2026018	0.03	0.03	0.03	0.03
3	锥形交通标志	个	6007023	0.25	0.25	0.06	0.03
4	示警灯	只	2026022	0.01	—	0.01	—
5	2t以内载货汽车	台班	8007001	0.02	0.01	0.01	0.24
6	基价	元	9999001	74	55	29	211

5－19 人工清洗交通安全设施

工程内容 交通安全设施的清洗。

单位：表列单位

序号	项目	单位	代号	人工清洗交通安全设施									
				护栏			防眩板	标志牌			轮廓标		里程牌百米桩界碑
				柱式	墙式	波型钢板		单双柱	双悬臂	门架	柱式	栏式	
				100m	100m	100m	100个	10套	10套	10套	100根	100块	100块
				1	2	3	4	5	6	7	8	9	10
1	人工	工日	1001001	0.18	0.15	0.23	0.2	0.5	0.6	1.2	0.8	0.2	0.8
2	其他材料费	元	7801001	1.5	1.9	2	2.1	3	3.7	5.6	3	0.7	3.7
3	小型机具使用费	元	8099001	1.1	0.7	1.2	1.2	1	1	1.8	1.1	0.2	1.1
4	基价	元	9999001	22	18	27	24	57	68	134	89	22	89

注：需搭拆脚手架或需升降机配合时，其费用另计。

5-20 油漆、刷白、粘贴反光膜

工程内容 1)清理表面、除锈或打光、油漆调和、涂防锈漆、面漆;2)清理表面、刷涂料;3)清理粘贴处表面、剪贴反光膜。

单位:表列单位

序号	项目	单位	代号	油漆		刷涂料	粘贴反光膜
				防锈漆1遍	面漆1遍		
				10m²	10m²	100m²	10m²
				1	2	3	4
1	人工	工日	1001001	0.4	0.5	0.8	0.3
2	油漆	kg	5009002	—	1.05	—	—
3	防锈漆	kg	5009030	1.07	—	—	—
4	涂料	kg	5009004	—	—	38.11	—
5	反光膜	m²	6007004	—	—	—	11
6	其他材料费	元	8099001	4.2	5.6	1.3	2.3
7	基价	元	9999001	58	78	585	421

5－21 道路施工(养护)安全设施设置

工程内容 1)安全设施购置、运输、摆放、撤除;2)案例设施看管、维护、保养、更换。

单位:/套·次

序号	项目	单位	代号	二级公路、三级公路									
				路段双车道一个车道封闭维修		路段有非机动车道半幅封闭维修		弯道维修		整幅路面维修		路肩维修	
				第1个10天	每增5天	第1个10天	每增5天	第1个10天	每增5天	第1个10天	每增5天	第1个10天	每增5天
				1	2	3	4	5	6	7	8	9	10
1	人工	工日	1001001	11.38	5.5	0.7	—	12	6	0.5	0.2	6	3
2	施工标志牌	块	2026018	0.01	0.01	—	—	0.01	0.01	0.03	0.01	—	—
3	警告标志牌	块	2026027	0.04	0.02	0.04	0.02	0.05	0.03	0.05	0.03	—	—
4	禁令标志牌	块	2026028	0.05	0.03	0.05	0.03	0.05	0.03	0.05	0.03	—	—
5	可变信息标志牌	块	2026029	0.01	0.01	0.01	0.01	0.01	0.01	0.06	0.03	—	—
6	附设施工警示灯的护栏	块	6007022	0.02	0.01	0.01	0.01	0.02	0.01	0.05	0.03	—	—
7	锥形交通标志	个	6007023	4.4	2.2	12.2	6.1	5	2.5	2.4	1.2	4	2
8	4t以内载货汽车	台班	8007003	0.16	0.08	0.16	0.08	0.16	0.08	0.32	0.16	0.16	0.08
9	基价	元	9999001	1526	746	797	363	1623	815	374	182	919	459

第六章　绿化工程及环境保护

说　　明

（1）公路绿化内容：补植，树干刷白，行道树、绿地浇水、除草、松土和施肥，防止病虫害，修剪及割草，树木支撑、防护，路树采伐等。

（2）苗木及地被植物的场地运输已在定额中综合考虑，编制定额时，不得另行计算。

（3）本定额的基价不含苗木和种植土的价格，苗木购买费用（运费可按运苗木子目套用计算）和种植土的价格（运输可按土石方章节普通土定额子目套用计算）另按实际价格计算。

（4）本定额的清理场地所指工序只包括将树穴余土杂物清理归堆，如余土杂物需外运时，其费用另按土石方有关定额子目计算。

6-1 补 植

工程内容 1)挖树坑、施基肥、落坑、扶正;2)回填土、分层夯实、注水围、浇水;3)覆土、整形、清理现场、施工期养护。

单位:表列单位

序号	项目	单位	代号	明坑栽植乔木(带土球)								
				土球直径								
				30cm以内	40cm以内	50cm以内	60cm以内	70cm以内	80cm以内	100cm以内	120cm以内	120cm以上
				10株	10株	10株	10株	10株	10株	10株	10株	10株
				1	2	3	4	5	6	7	8	9
1	人工	工日	1001001	0.4	0.6	1.0	1.7	1.8	2.8	4.5	6.5	10.3
2	土球直径30cm以内乔木	株	4026001	(10.5)	—	—	—	—	—	—	—	—
3	土球直径40cm以内乔木	株	4026002	—	(10.5)	—	—	—	—	—	—	—
4	土球直径50cm以内乔木	株	4026003	—	—	(11.0)	—	—	—	—	—	—
5	土球直径60cm以内乔木	株	4026004	—	—	—	(11.0)	—	—	—	—	—
6	土球直径70cm以内乔木	株	4026005	—	—	—	—	(11.0)	—	—	—	—
7	土球直径80cm以内乔木	株	4026006	—	—	—	—	—	(11.0)	—	—	—
8	土球直径100cm以内乔木	株	4026007	—	—	—	—	—	—	(11.0)	—	—
9	土球直径120cm以内乔木	株	4026008	—	—	—	—	—	—	—	(11.5)	—
10	土球直径120cm以上乔木	株	4026009	—	—	—	—	—	—	—	—	(11.5)

续前页 单位:表列单位

序号	项目	单位	代号	明坑栽植乔木(带土球)								
				土球直径								
				30cm以内	40cm以内	50cm以内	60cm以内	70cm以内	80cm以内	100cm以内	120cm以内	120cm以上
				10株	10株	10株	10株	10株	10株	10株	10株	10株
				1	2	3	4	5	6	7	8	9
11	水	m^3	3005004	0.3	0.5	0.8	1.0	1.2	1.5	3.0	4.0	5.0
12	其他材料费	元	7801001	2	4	5.5	7	8.5	9.5	15	22	26
13	5t以内汽车式起重机	台班	8009025	—	—	—	—	0.07	0.10	0.17	0.23	0.34
14	基价	元	9999001	46	70	115	191	251	378	617	880	1362

续前页   单位:表列单位

序号	项目	单位	代号	明坑栽植乔木(裸根)									
				胸径									
				4cm以内	6cm以内	8cm以内	10cm以内	12cm以内	14cm以内	16cm以内	18cm以内	20cm以内	24cm以内
				10株	10株	10株	10株	10株	10株	10株	10株	10株	10株
				10	11	12	13	14	15	16	17	18	19
1	人工	工日	1001001	0.2	0.4	0.7	1.1	2	3.2	3.4	4.7	6.8	9.7
2	胸径4cm以内裸根乔木	株	4026010	(10.5)	—	—	—	—	—	—	—	—	—
3	胸径6cm以内裸根乔木	株	4026011	—	(10.5)	—	—	—	—	—	—	—	—
4	胸径8cm以内裸根乔木	株	4026012	—	—	(10.5)	—	—	—	—	—	—	—
5	胸径10cm以内裸根乔木	株	4026013	—	—	—	(10.5)	—	—	—	—	—	—
6	胸径12cm以内裸根乔木	株	4026014	—	—	—	—	(10.5)	—	—	—	—	—
7	胸径14cm以内裸根乔木	株	4026015	—	—	—	—	—	(10.5)	—	—	—	—
8	胸径16cm以内裸根乔木	株	4026016	—	—	—	—	—	—	(10.5)	—	—	—
9	胸径18cm以内裸根乔木	株	4026017	—	—	—	—	—	—	—	(10.5)	—	—
10	胸径20cm以内裸根乔木	株	4026018	—	—	—	—	—	—	—	—	(10.5)	—
11	胸径24cm以内裸根乔木	株	4026019	—	—	—	—	—	—	—	—	—	(10.5)
12	水	m²	3005004	0.3	0.5	0.8	1.0	1.5	2.0	3.0	4.0	5.0	7.5
13	其他材料费	元	7801001	15	35	55	75	100	125	155	195	245	300
14	5t以内汽车式起重机	台班	8009025	—	—	—	—	—	—	0.07	0.1	0.17	0.23
15	基价	元	9999001	38	80	133	196	318	473	575	777	1100	1513

续前页 单位:表列单位

序号	项目	单位	代号	明坑栽植灌木(带土球) 土球直径									
				20cm以内 10株	30cm以内 10株	40cm以内 10株	50cm以内 10株	60cm以内 10株	70cm以内 10株	80cm以内 10株	100cm以内 10株	120cm以内 10株	140cm以内 10株
				20	21	22	23	24	25	26	27	28	29
1	人工	工日	1001001	0.2	0.4	0.6	1	1.8	1.9	2.9	4.7	6.9	10.2
2	土球直径20cm以内灌木	株	4026020	(10.5)	—	—	—	—	—	—	—	—	—
3	土球直径30cm以内灌木	株	4026021	—	(10.5)	—	—	—	—	—	—	—	—
4	土球直径40cm以内灌木	株	4026022	—	—	(11)	—	—	—	—	—	—	—
5	土球直径50cm以内灌木	株	4026023	—	—	—	(11)	—	—	—	—	—	—
6	土球直径60cm以内灌木	株	4026024	—	—	—	—	(11)	—	—	—	—	—
7	土球直径70cm以内灌木	株	4026025	—	—	—	—	—	(11)	—	—	—	—
8	土球直径80cm以内灌木	株	4026026	—	—	—	—	—	—	(11)	—	—	—
9	土球直径100cm以内灌木	株	4026027	—	—	—	—	—	—	—	(11)	—	—
10	土球直径120cm以内灌木	株	4026028	—	—	—	—	—	—	—	—	(11.5)	—
11	土球直径140cm以内灌木	株	4026029	—	—	—	—	—	—	—	—	—	(11.5)
12	水	m³	3005004	0.3	0.3	0.5	0.8	1	1.2	1.5	3	4	5.5
13	其他材料费	元	7801001	15	20	40	55	70	85	96	150	220	320
14	5t以内汽车式起重机	台班	8009025	—	—	—	—	—	—	0.05	0.07	0.12	0.15
15	基价	元	9999001	38	64	106	164	265	291	442	707	1047	1523

续前页
单位:表列单位

序号	项 目	单位	代号	明坑栽植灌木(裸根)			
				苗高			
				100cm 以内	150cm 以内	200cm 以内	250 cm 以内
				10 株	10 株	10 株	10 株
				30	31	32	33
1	人工	工日	1001001	0.2	0.3	0.5	0.8
2	苗高 100cm 以内裸根灌木	株	4026030	(11.0)	—	—	—
3	苗高 150cm 以内裸根灌木	株	4026031	—	(11.0)	—	—
4	苗高 200cm 以内裸根灌木	株	4026032	—	—	(11.0)	—
5	苗高 250cm 以内裸根灌木	株	4026033	—	—	—	(11.0)
6	水	m³	3005004	1.5	2.5	5	7.5
7	其他材料费	元	7801001	80	125	180	230
8	基价	元	9999001	108	169	257	351

续前页 单位:表列单位

序号	项目	单位	代号	栽植绿篱 苗高							
				40cm 以内		80cm 以内		120cm 以内		160cm 以内	
				单排	每增1排	单排	每增1排	单排	每增1排	单排	每增1排
				100m	100m	100m	100m	100m	100m	100m	100m
				34	35	36	37	38	39	40	41
1	人工	工日	1001001	2.2	0.5	3.4	1.3	5.7	2.2	7.4	2.7
2	苗高 40cm 以内绿篱	株	4026034	(525.0)	(525.0)	—	—	—	—	—	—
3	苗高 80cm 以内绿篱	株	4026035	—	—	(315.0)	(315.0)	—	—	—	—
4	苗高 120cm 以内绿篱	株	4026036	—	—	—	—	(210.0)	(210.0)	—	—
5	苗高 160cm 以内绿篱	株	4026037	—	—	—	—	—	—	(105.0)	(105.0)
6	水	m^3	3005004	2.4	1.5	3	1.8	6.4	3.5	8	4.5
7	其他材料费	元	7801001	50	40	50	40	60	40	70	50
8	基价	元	9999001	294	100	424	186	693	289	890	357

注:1. 栽植绿篱苗木,苗高 40cm 内按 5 株/m,苗高 80cm 内按 3 株/m,苗高 120cm 内按 2 株/m,苗高 160cm 内按 1 株/m,实际种植间距不同时可换算,其余不得调整;

2. 补植施工期用水,自来水按实计算;野外取水需吸水时,按第二章的路面洒水定额及规定计算。

6-2 树干刷白

工程内容 1)灰浆配运料;2)标线;3)涂刷;4)清理现场。

单位:1000 株

序号	项目	单位	代号	光皮树种			糙皮树种		
				胸径					
				10cm 以下	20cm 以下	20cm 以上	10cm 以下	20cm 以下	20cm 以上
				1	2	3	4	5	6
1	人工	工日	1001001	5.2	7.2	10	5.7	8	10.8
2	油漆	kg	5009002	1.75	5.43	19.1	1.95	6.24	22.1
3	水	m³	3005004	1	2	5	1	2	5
4	熟石灰	t	5503003	0.23	0.46	2.23	0.28	0.56	1.32
5	其他材料费	元	7801001	29	55.9	147.8	34	63.5	169
6	21kW 以内手扶拖拉机	台班	8001073	0.56	0.62	1.47	0.75	0.82	1.83
7	基价	元	9999001	828	1221	2598	954	1409	2606

6-3 行道树、绿地浇水

工程内容 装水、人工或机械浇水。

单位:表列单位

序号	项目	单位	代号	人工浇水		汽车浇水	
				行道树	草坪	草坪	常绿灌木
				100株	100m²	100m²	100m²
				1	2	3	4
1	人工	工日	1001001	1.8	0.6	0.2	0.38
2	水	m³	3005004	1.5	1.67	2	9.4
3	其他材料费	元	7801001	—	0.3	—	—
4	6000L以内洒水车	台班	8007041	—	—	0.02	0.038
5	基价	元	9999001	197	72	45	114

注:汽车浇水,离水源距离按5km综合考虑,若超过5km时,按其他工程中洒水汽车洒水定额中的增运定额增列洒水汽车台班。

6-4 除草、松土和施肥

工程内容 1)松土、除杂草根系、清理；2)开挖槽坑、施肥、覆土、清理现场。

单位：表列单位

序号	项目	单位	代号	除草和松土 深5~6cm 100m²	乔木施肥 胸径		
					10cm以下 100株	20cm以下 100株	20cm以上 100株
				1	2	3	4
1	人工	工日	1001001	1.2	1.6	1.9	2.4
2	水	m³	3005004	—	0.1	0.3	0.5
3	其他材料费	元	7801001	—	95	115	260
4	基价	元	9999001	127	264	317	516

注：乔木施肥可根据实际施肥量按定额施肥量的倍数折算系数调整工、料、机消耗。

6-5 防治病虫害

工程内容 1）调制药水、机械或人工喷药、清理现场；2）树干虫害钩除、剔除虫茧、调制药水、涂刷药水、清理现场。

单位：表列单位

序号	项目	单位	代号	洒水车喷药				树干人工涂药		
				乔木胸径			灌木、绿篱、绿地	乔木胸径		
				10cm以下	20cm以下	20cm以上		10cm以下	20cm以下	20cm以上
				100株	100株	100株	100m²	100株	100株	100株
				1	2	3	4	5	6	7
1	人工	工日	1001001	0.1	0.3	0.3	0.2	1.1	1.3	1.5
2	水	m³	3005004	1.1	1.32	1.76	2.2	1.1	1.3	1.7
3	敌百虫	kg	5026028	0.75	0.90	1.2	1.65	0.75	0.9	1.2
4	乐果	kg	5026031	0.4	0.48	0.56	—	0.4	0.48	0.56
5	其他材料费	元	7801001	—	—	—	—	0.4	0.5	0.7
6	4000L以内洒水汽车	台班	8007040	0.108	0.129	0.173	0.216	—	—	—
7	小型机具使用费	元	8099001	9.1	10.9	14.6	18.2	9.1	10.9	14.6
8	基价	元	9999001	113	155	194	208	148	176	208

6-6 修建及割草

工程内容 1）乔木和灌木枯树枝、枯树条、病枝、弯曲畸形枝、过密枝及影响行车的枝条剪除，乔木和灌木的伞形、椭圆形、球形、葫芦形等造型修剪，地勤安全，剪枝和散叶集中清理堆放，现场清理；2）绿篱的长方形、梯形、波浪形等造型修剪，剪枝和散叶集中清理堆放，现场清理；3）人工或机械割草，清理堆放，现场清理。

单位：表列单位

序号	项目	单位	代号	修剪乔木						修剪灌木								修剪绿篱		修剪草坪	
				抚育修剪			造型修剪			抚育修剪				造型修剪				单排	每±1排	人工	打(割)草机
				10cm以下	20cm以下	20cm以上	10cm以下	20cm以下	20cm以上	40cm以下	80cm以下	120cm以下	120cm以上	40cm以下	80cm以下	120cm以下	120cm以上				
				100株	100株	100株	100株	100株	100株	100株	100株	100株	100株	100株	100株	100株	100株	1000m	1000m	10000m²	10000m²
				1	2	3	4	5	6	7	8	9	10	11	12	13	14	15	16	17	18
1	人工	工日	1001001	0.8	0.95	1.5	2.1	2.5	3.6	0.2	0.2	0.3	0.3	0.4	0.5	0.7	0.9	0.8	0.6	8.6	3.7
2	其他材料费	元	7801001	—	—	—	—	—	—	—	—	—	—	—	—	—	—	—	—	—	15
3	打(割)草机	台班	8026021	—	—	—	—	—	—	—	—	—	—	—	—	—	—	—	—	—	2.98
4	小型机具使用费	元	8099001	6.5	7	8.5	16	18.4	22	6.7	8.3	11.2	13.3	13.6	18.6	25.8	34.8	18	13.2	3.8	—
5	基价	元	9999001	92	107	167	238	282	402	28	29	43	45	56	71	100	130	102	77	912	888

6-7 树木支撑、防护

工程内容 1）挖坑洞、竖桩、回填土、夯实、绑扎、扶正树桩、拔除断桩、现场清理；2）备草绳、草绳缠绕包扎树干、现场清理。

单位：表列单位

序号	项目	单位	代号	护 树 桩				草绳包扎树干		
				新竖	补竖	扶正	拔桩	胸径		
								10cm以下	20cm以下	20cm以上
				10根	10根	10根	10根	100株	100株	100株
				1	2	3	4	5	6	7
1	人工	工日	1001001	0.6	0.8	0.3	0.8	1.6	1.9	2.4
2	原木	m³	4003001	0.353	0.353	—	—	—	—	—
3	草绳	kg	5026029	—	—	—	—	10.2	15.3	20.4
4	基价	元	9999001	712	733	32	84	198	245	313

6-8 砍伐树木

工程内容 1)地勤安全;2)伐树、裁段、集中堆积、场地清理。

单位:10株

序号	项目	单位	代号	人工伐树					人工挖根				
				胸径									
				10cm以上	20cm以下	30cm以下	40cm以下	40cm以上	10cm以上	20cm以下	30cm以下	40cm以下	40cm以上
				1	2	3	4	5	6	7	8	9	10
1	人工	工日	1001001	0.5	1.07	2.2	7.8	15.6	0.6	1.3	1.9	2.6	3.4
2	小型机具使用费	元	8099001	1.2	2.4	7.8	13.8	21.6	1	1.3	2	3	6.1
3	基价	元	9999001	54	115	240	837	1668	64	139	203	277	365

第七章　材料运输

说　明

（1）汽车运输项目中因路面不平、土路松软、泥泞、急弯、陡坡而增加的时间，定额内已考虑。
（2）本定额已考虑上下转场等时间，在定额中已计入。
（3）本定额中未列名称的材料，可按下列规定执行（其中不少以重量计量的应按单位进行换算）：
①水按运输沥青、油料定额乘以系数 0.85 计算。
②其他材料，一律按水泥运输定额执行。

7-1 人工挑(抬)运输

工程内容 装料、挑(抬)运、卸料、空回、等待、转场。

单位:表列单位

序号	项目	单位	代号	土、砂、石屑 (10m³)		黏土 (10m³)		碎(砾)石土、砂砾、二灰碎石、水泥稳定碎石(10m³)		片石、大卵石 (10m³)		块石 (10m³)		小型构件 (10m³)	
				装卸	挑运 10m	装卸	挑运 10m	装卸	挑运 10m	装卸	挑(抬)运 10m	装卸	挑(抬)运 10m	装卸	挑(抬)运 10m
				1	2	3	4	5	6	7	8	9	10	11	12
1	人工	工日	1001001	1.35	0.28	1.67	0.26	1.95	0.29	2.35	0.37	2.69	0.51	3.7	0.78
2	小型机具使用费	元	8099001	0.21	0.06	0.23	0.06	0.3	0.06	0.39	0.07	0.45	0.1	0.63	0.17
3	基价	元	9999001	143	30	177	28	206	31	248	39	284	54	391	83

续前页
单位:表列单位

序号	项目	单位	代号	木材 (10m³)		煤渣、矿渣 (10m³)		水泥、矿粉 (10t)		生石灰 (10t)		煤(10t)		钢材 (10t)		爆破材料、沥青、油料 (10t)	
				装卸	挑运10m	装卸	挑运10m	装卸	挑运10m	装卸	挑运10m	装卸	挑运10m	装卸	挑运10m	装卸	挑运10m
				13	14	15	16	17	18	19	20	21	22	23	24	25	26
1	人工	工日	1001001	1.51	0.37	2.52	0.51	3.48	0.78	1.52	0.23	0.86	0.23	1.52	0.37	1.62	0.34
2	小型机具使用费	元	8099001	0.39	0.07	0.45	0.1	0.63	0.17	0.26	0.06	0.14	0.06	0.25	0.06	0.25	0.06
3	基价	元	9999001	160	39	266	54	368	83	161	24	91	24	161	39	171	36

7-2 手推车运输

工程内容 装料、推运、卸料、空回、转场。

单位:表列单位

序号	项　目	单位	代号	土、砂、石屑 (10m³)		黏土 (10m³)		碎(砾)石土、砂砾、二灰碎石、水泥稳定碎石(10m³)		片石、大卵石 (10m³)		块石 (10m³)		小型构件 (10m³)	
				装卸	推运10m	装卸	推运10m	装卸	推运10m	装卸	推运10m	装卸	推运10m	装卸	推运10m
				1	2	3	4	5	6	7	8	9	10	11	12
1	人工	工日	1001001	1.35	0.13	1.67	0.13	1.95	0.13	2.56	0.13	2.97	0.17	3.72	0.25
2	小型机具使用费	元	8099001	0.23	0.03	0.29	0.03	0.32	0.03	0.44	0.03	0.49	0.05	0.63	0.05
3	基价	元	9999001	143	14	177	14	206	14	271	14	314	18	393	26

续前页

单位：表列单位

序号	项 目	单位	代号	木材 (10m³)		煤渣、矿渣 (10m³)		水泥、矿粉 (10t)		生石灰 (10t)		煤 (10t)		钢材 (10t)		爆破材料、沥青、油料 (10t)	
				装卸	推运 10m	装卸	推运 10m	装卸	推运 10m	装卸	挑运 10m	装卸	挑运 10m	装卸	挑运 10m	装卸	挑运 10m
				13	14	15	16	17	18	19	20	21	22	23	24	25	26
1	人工	工日	1001001	1.28	0.08	1	0.07	1.48	0.08	1.63	0.09	0.89	0.08	1.63	0.1	1.94	0.1
2	小型机具使用费	元	8099001	0.2	0.03	0.1	0.01	0.25	0.01	0.27	0.03	0.14	0.01	0.27	0.02	0.32	0.03
3	基价	元	9999001	135	8	106	7	156	8	172	10	94	8	172	11	205	11

7-3 机动翻斗车运输(人工装)

工程内容 装料、运走、卸料、空回、转场、等待。

单位:表列单位

序号	项目	单位	代号	土、砂、石屑(10m³)		黏土(10m³)		砂砾、碎(砾)石、碎(砾)石土、二灰碎石、水泥稳定碎石(10m³)		片石、大卵石(10m³)		块石(10m³)		煤渣、矿渣(10m³)		粉煤灰(10m³)		石灰(10t)	
				第一个100m	每增运100m	第一个100m	每增运100m	第一个100m	每增运100m	第一个100m	每增运100m	第一个100m	每增运100m	第一个100m	每增运100m	第一个100m	每增运100m	第一个100m	每增运100m
				1	2	3	4	5	6	7	8	9	10	11	12	13	14	15	16
1	人工	工日	1001001	3	—	3	—	3	—	3	—	3	—	3	—	3	—	3	—
2	1.5t 以内机动翻斗车	台班	8007047	0.51	0.04	0.64	0.04	0.61	0.05	0.75	0.05	0.85	0.05	0.4	0.04	0.39	0.04	0.58	0.04
3	基价	元	9999001	436	9	466	9	459	12	491	12	515	12	410	9	407	9	452	9

7-4 手扶拖拉机运输(人工装卸)

工程内容 装料、运走、卸料、空回。

单位:表列单位

序号	项目	单位	代号	土、砂、石屑 ($10m^3$) 第一个100m	土、砂、石屑 每增运100m	黏土 ($10m^3$) 第一个100m	黏土 每增运100m	砂砾、碎(砾)石、碎(砾)石土、二灰碎石、水泥稳定碎石 ($10m^3$) 第一个100m	砂砾、碎(砾)石… 每增运100m	片石、大卵石 ($10m^3$) 第一个100m	片石、大卵石 每增运100m	块石 ($10m^3$) 第一个100m	块石 每增运100m	煤渣、矿渣 ($10m^3$) 第一个100m	煤渣、矿渣 每增运100m	粉煤灰 ($10m^3$) 第一个100m	粉煤灰 每增运100m	生石灰 ($10t$) 第一个100m	生石灰 每增运100m	小型构件 ($10m^3$) 第一个100m	小型构件 每增运100m
				1	2	3	4	5	6	7	8	9	10	11	12	13	14	15	16	17	18
1	人工	工日	1001001	3	—	3	—	3	—	3	—	3	—	3	—	3	—	3	—	3	—
2	21kW以内手扶拖拉机	台班	8001073	0.57	0.04	0.61	0.04	0.7	0.04	0.88	0.05	0.99	0.05	0.44	0.04	0.43	0.04	0.69	0.04	1.24	0.05
3	基价	元	9999001	468	11	478	11	502	11	550	13	579	13	433	11	431	11	499	11	645	13

7-5 载货汽车运输(人工装卸)

工程内容 装车、卸车、运走、空回。

单位:表列单位

序号	项目	单位	代号	小型构件(10m³)				木材(10m³)				钢材(10t)				水泥、矿粉(10t)				沥青、油料(10t)			
				4t以内载货汽车		6t以内载货汽车		4t以内载货汽车		6t以内载货汽车		4t以内载货汽车		6t以内载货汽车		4t以内载货汽车		6t以内载货汽车		4t以内载货汽车		6t以内载货汽车	
				第一个1km	每增运1km	第一个1km	每增运1km	第一个1km	每增运1km	第一个1km	每增运1km	第一个1km	每增运1km	第一个1km	每增运1km	第一个1km	每增运1km	第一个1km	每增运1km	第一个1km	每增运1km	第一个1km	每增运1km
				1	2	3	4	5	6	7	8	9	10	11	12	13	14	15	16	17	18	19	20
1	4t以内载货汽车	台班	8007003	0.94	0.07	—	—	0.35	0.03	—	—	0.31	0.03	—	—	0.37	0.03	—	—	0.53	0.03	—	—
2	6t以内载货汽车	台班	8007005	—	—	0.87	0.06	—	—	0.32	0.02	—	—	0.28	0.02	—	—	0.34	0.02	—	—	0.49	0.02
3	基价	元	9999001	472	35	420	29	176	15	154	10	156	15	135	10	186	15	164	10	266	15	237	10

7-6 自卸汽车运输(装载机装)

工程内容 装车、运走、卸车、空回、等待。

单位:表列单位

序号	项目	单位	代号	土、砂、石屑 (10m³)				黏土 (10m³)				砂砾、碎(砾)石、碎(砾)石土、二灰碎石、水泥稳定碎石(10m³)				片石、大卵石 (10m³)			
				4t以内载货汽车		6t以内载货汽车		4t以内载货汽车		6t以内载货汽车		4t以内载货汽车		6t以内载货汽车		4t以内载货汽车		6t以内载货汽车	
				第一个1km	每增运1km	第一个1km	每增运1km	第一个1km	每增运1km	第一个1km	每增运1km	第一个1km	每增运1km	第一个1km	每增运1km	第一个1km	每增运1km	第一个1km	每增运1km
				1	2	3	4	5	6	7	8	9	10	11	12	13	14	15	16
1	4t以内载货汽车	台班	8007003	0.18	0.05	—	—	0.17	0.05	—	—	0.2	0.06	—	—	0.21	0.06	—	—
2	6t以内载货汽车	台班	8007005	—	—	0.16	0.04	—	—	0.15	0.04	—	—	0.17	0.05	—	—	0.18	0.05
3	基价	元	9999001	90	25	77	19	85	25	72	19	101	30	82	24	106	30	87	24

续前页
单位:表列单位

序号	项目	单位	代号	块石(10m³)				煤渣、矿渣(10m³)				粉煤灰(10m³)				生石灰(10t)				煤(10t)			
				4t以内载货汽车		6t以内载货汽车		4t以内载货汽车		6t以内载货汽车		4t以内载货汽车		6t以内载货汽车		4t以内载货汽车		6t以内载货汽车		4t以内载货汽车		6t以内载货汽车	
				第一个1km	每增运1km	第一个1km	每增运1km	第一个1km	每增运1km	第一个1km	每增运1km	第一个1km	每增运1km	第一个1km	每增运1km	第一个1km	每增运1km	第一个1km	每增运1km	第一个1km	每增运1km	第一个1km	每增运1km
				17	18	19	20	21	22	23	24	25	26	27	28	29	30	31	32	33	34	35	36
1	4t以内载货汽车	台班	8007003	0.23	0.07	—	—	0.13	0.04	—	—	0.14	0.04	—	—	0.14	0.04	—	—	0.14	0.04	—	—
2	6t以内载货汽车	台班	8007005	—	—	0.2	0.05	—	—	0.12	0.03	—	—	0.12	0.03	—	—	0.12	0.03	—	—	0.12	0.03
3	基价	元	9999001	116	35	97	24	65	20	58	14	70	20	58	14	70	20	58	14	70	20	58	14

7-7 人工装机动翻斗车、手扶拖拉机

工程内容 装车、等待、转场。

单位：表列单位

序号	项目	单位	代号	土、砂、石屑（10m³）	黏土（10m³）	砂砾、碎（砾）石、碎（砾）石土、砂砾、水泥稳定碎石（10m³）	片石、大卵石（10m³）	小型构件（10m³）	煤渣、矿渣（10m³）	粉煤灰（10m³）	生石灰（10t）
				1	2	3	4	5	6	7	8
1	人工	工日	1001001	1.16	1.32	1.59	2.09	2.41	0.88	0.84	1.68
2	小型机具使用费	元	8099001	0.16	0.18	0.21	0.28	0.33	0.12	0.11	0.23
3	基价	元	9999001	123	140	168	221	255	93	89	178

7-8 人工卸手扶拖拉机

工程内容 卸车、转场。

单位：表列单位

序号	项目	单位	代号	土、砂、石屑（10m³）	黏土（10m³）	砂砾、碎(砾)石、碎(砾)石土、二灰碎石、水泥稳定碎石（10m³）	片石、大卵石（10m³）	块石（10m³）	煤渣、矿渣（10t）	粉煤灰（10t）	生石灰（10t）
				1	2	3	4	5	6	7	8
1	人工	工日	1001001	0.77	0.88	1.05	1.4	1.63	0.59	0.6	1.12
2	小型机具使用费	元	8099001	0.1	0.1	0.1	0.2	0.22	0.08	0.08	0.15
3	基价	元	9999001	81	93	111	148	172	62	63	138

7-9 人工装卸汽车

工程内容 1)装车、捆绑;2)解绳、卸车;3)堆放、等待。

单位:表列单位

序号	项目	单位	代号	小型构件 (10m³)	木材 (10t)	钢材 (10t)	水泥、矿粉 (10t)	沥青、油料 (10t)	土方 (10m³)	石方 (10m³)
				1	2	3	4	5	6	7
1	人工	工日	1001001	8.04	3.3	3	3.78	5.82	4.5	6.2
2	小型机具使用费	元	8099001	1.01	0.3	0.27	0.34	0.52	0.35	0.65
3	基价	元	9999001	850	349	317	399	615	475	655

7-10　1m³ 以内轮胎式装载机装汽车

工程内容　铲料、装车、等待。

单位:表列单位

序号	项目	单位	代号	土、砂、石屑、碎(砾)石、煤渣、粉煤灰(10m³)	片石、大卵石(10m³)	块石(10m³)	生石灰(10t)	煤(10t)
				1	2	3	4	5
1	1m³以内轮胎式装载机	台班	8001045	0.05	0.06	0.07	0.06	0.05
2	基价	元	9999001	29	34	40	34	29

7–11　2m³ 以内轮胎式装载机装汽车

工程内容　铲料、装车、等待。

单位:表列单位

序号	项目	单位	代号	土、砂、石屑、碎（砾）石、煤渣、粉煤灰(10m³)	片石、大卵石(10m³)	块石(10t)	生石灰(10t)
				1	2	3	4
1	2m³ 以内轮胎式装载机	台班	8001047	0.03	0.04	0.06	0.03
2	基价	元	9999001	29	39	58	29

第八章 其他工程

说 明

(1)公路巡查各部位状况、记录、整理、归档。
(2)桥涵检查各部位状况、记录、整理、归档。
(3)交通安全维护,维修作业控制区内所有交通安全维护内容。

8-1 公路巡查

工程内容 巡查公路各部位状况、记录、整理归档

单位:1km·年

序号	项目	单位	代号	公路巡查
				1
1	人工	工日	1001001	18.575
2	1t 以内巡查汽车	台班	8026046	3.201
3	小型工具使用费	元	8099001	15.000
4	基价	元	9999001	3406

8-2 公路桥涵检查

工程内容 到场、检查公路桥涵各部位状况、记录、整理归档。

单位:100m·年

序号	项目	单位	代号	桥涵
				1
1	人工	工日	1001001	28.0
2	设备摊销费	元	7901001	20.0
3	1t以内巡查汽车	台班	8026046	5.39
4	12~20m桥梁检测车	台班	8026047	0.10
5	小型工具使用费	元	8099001	6.0
6	基价	元	9999001	5694

注:本定额按照四车道公路全幅编制,六车道公路执行定额时乘系数1.2,八车道公路执行定额时乘系数1.5。

8-3 公路交通安全维护

工程内容 养护维修作业控制区内所有交通安全维护内容。

单位:1次

序号	项目	单位	代号	不改变交通流方向		改变交通流方向
				工作区长度100m以内	工作区长度每增加50m	
				1	2	3
1	人工	工日	1001001	3.000	0.300	3.600
2	锥筒	个	5026037	0.650	0.080	4.510
3	其他材料费	元	7801001	52.500	9.000	189.000
4	设备摊销费	元	7901001	154.000	—	555.000
5	3m移动标志车	台班	8026048	0.497	—	1.191
6	基价	元	9999001	902	41	2062

注:本定额按照四车道公路全幅编制,六车道公路执行定额时乘系数1.2,八车道公路执行定额时乘系数1.5。

下篇　公路养护检查及日常养护综合定额

综合定额按照作业内容可分为日常保养和小修两部分,主要包括对公路及其沿线设施进行日常清扫保洁、经常性维护保养和修补其轻微损坏部分的作业。综合定额按照费用类型可分为人工费、材料和机具机械使用费、专项费用三部分。

1. 人工费

综合定额中人工工作量按照每名养护道工小修保养2个当量公里公路的标准执行,各地可根据养护工作的难易程度等实际情况予以适当调整,人工费用根据工作量标准以及各市的工资水平计算确定。

2. 材料和机具机械使用费

综合定额中材料和机具机械使用费按照全省平均水平测算定额基数,并根据相关因素设置调整系数,通过综合计算确定。

1) 定额基数

材料和机具机械使用费定额基数,在年平均日交通量2000~5000辆小客车/日、1~3年公路使用年限、非穿集镇路段、二级公路等技术条件下设置的。经测算,全省普通国省干线公路小修保养材料和机具机械使用费综合定额基数为23700元/当量公里,其各项费用组成见表1。

材料和机具机械使用费定额基数费用组成表 表1

定额费用组成		费用(元/当量公里)
日常保养	材料费	870
	小型机具费	2220
	小计	3090
小修	材料费	18030
	机械使用费	2580
	小计	20610
综合定额基数合计		23700

2) 调整系数

各路段材料和机具机械使用费综合定额计算要综合考虑公路路面宽度、交通量、使用年限、技术等级、是否穿集镇路段等各种因素影响,其中路面宽度当量系数根据实际车道数或路面宽度计算,其他各种因素按照影响程度设定相应的调整系数,详见表2。

材料和机具机械使用费定额调整系数表　　　　表2

影响因素		调整系数		备注
w1	年平均日交通量	<2000 辆/日	0.9	年平均日交通量折合成小客车
		2000～5000 辆/日	1.0	
		5000～7500 辆/日	1.05	
		7500～10000 辆/日	1.1	
		10000～15000 辆/日	1.2	
		≥15000 辆/日	1.3	
w2	使用年限	<1 年	0.8	公路使用年限从公路改建、路面改善、大修交工接养起始年开始计算
		1～3 年	1.0	
		3～5 年	1.1	
		5～8 年	1.2	
		≥8 年	1.3	
w3	技术等级	四级公路	0.9	
		三级公路	0.95	
		二级公路	1.0	
		一级公路	1.1	

续前页

影响因素		调整系数	备注
w4	普通路段	1.0	
	穿集镇路段	1.2	

3)定额计算

材料和机具机械使用费定额计算公式如式(1)所示。

$$C = C_0 \times W_0 \times W_1 \times W_2 \times W_3 \times W_4 \tag{1}$$

其中: C——材料和机具机械使用费定额(元/km);

C_0——定额基数, $C_0 = 23700$(元/当量公里);

W_0——路面宽度当量系数,根据实际路面宽度计算, $W_0 =$ 路面实际宽度/9;

W_1——交通量调整系数;

W_2——使用年限调整系数;

W_3——技术等级调整系数;

W_4——穿集镇路段调整系数。

3. 专项费用

专项费用主要包括按照交通运输部有关规定另行列支的桥梁、隧道等相关专项检查和日常养护费用,按照全省统一标准执行。专项费用包括公路桥梁的日常养护与专项检查、公路隧道的日常养护与专项检查、公路专项检查与机电设施日常养护等工作经费,经费标准分别见表3~表5。

公路桥梁日常养护与专项检查工作经费标准表　　　　　　　表3

桥梁类型	工作内容	工作频率	费用标准	备注
特大、特殊结构和特别重要桥梁	清扫保洁	日常	按照单座桥梁和养护作业类别来安排专项养护管理资金	省交通运输部门和公路管理机构应当设立专项抽检和巡查资金，组织具备相应资格的桥梁检测单位，监督桥梁养护管理和安全运行工作开展情况
	日常养护	日常		
	经常检查	至少每月一次		
	定期检查	最长不得超过三年		
	特殊检查	根据情况		
干线公路其他桥梁	清扫保洁	日常	在综合定额中统筹考虑	
	日常养护	日常	不低于80元/延米	
	经常检查	至少每月一次	不低于60元/延米	
	定期检查	最长不得超过三年	不低于100元/延米	
	特殊检查	根据情况		根据检测内容和桥梁具体情况按照工作需要进行专项安排

说明：本表内容依据《交通运输部关于进一步加强公路桥梁养护管理的若干意见》（交公路发〔2013〕321号）、《公路桥涵养护规范》（JTG H11—2004）和我省相关文件规定制定。

公路隧道日常养护与专项检查工作经费标准表　　表4

桥梁类型	工作内容	工作频率	费用标准	备注
特长、长和中隧道	清扫保洁	日常	按照单座隧道和养护作业类别来安排专项养护管理资金	省交通运输部门和公路管理机构应当设立专项抽检和巡查资金,组织具备相应资格的隧道检测单位,监督隧道养护管理和安全运行工作的开展情况
	日常养护	日常		
	经常检查	至少每月一次		
	定期检查	一年一次		
	特殊检查	根据情况		
干线公路其他隧道	清扫保洁	日常	在综合定额中统筹考虑	
	日常养护	日常	不低于80元/延米	
	经常检查	至少每月一次	不低于60元/延米	
	定期检查	一年一次	不低于100元/延米	
	特殊检查	根据情况		根据检测内容和隧道具体情况按照工作需要进行专项安排

说明:本表内容参照《交通运输部关于进一步加强公路桥梁养护管理的若干意见》(交公路发〔2013〕321号)、《公路隧道养护技术规范》(JTG H12—2015)和安徽省相关文件规定制定。

公路专项检查与机电设施日常养护工作经费标准

表5

设施类型	技术等级	工作内容	工作频率	费用标准	备注
路面	一级	路面损坏	一年一次	1600元/km	
		路面平整度	一年一次		
		抗滑性能	两年一次		
		路面车辙	一年一次		
		结构强度	抽样检测		仅对沥青路面
	一级以下	路面损坏	一年一次	1150元/km	
		路面平整度	一年一次		
路基	各级	损坏调查	一年一次	500元/km	
沿线设施	各级	损坏调查	一年一次	400元/km	
机电设施	各级	小修保养	日常	安排专项维护管理资金,包括专业检修和维护、电费、网络费等费用	机电设施包括设置在公路、桥梁、隧道等公路设施上的监测、监控、收费、通信、配电、通风和照明等机电设施

说明:本表内容依据《公路技术状况评定标准(附条文说明)》(JTG H20—2007)和安徽省相关文件规定制定。

附录 A 人工、材料代号及人工、材料、半成品单位质量、损耗、基价表

序号	名 称	代号	规 格	单位	单位质量（kg）	场内运输及操作损耗(%)	基价（元）
(一)人工							
1	人工	1001001	—	工日	—	—	105.56
2	机械工	1051001	—	工日	—	—	105.56
(二)配比材料及路面混合料							
3	M5 水泥砂浆	1501001	—	m³	—	—	—
4	M7.5 水泥砂浆	1501002	—	m³	—	—	—
5	M10 水泥砂浆	1501003	—	m³	—	—	—
6	M20 水泥砂浆	1501006	—	m³	—	—	—
7	M25 水泥砂浆	1501007	—	m³	—	—	—
8	M30 水泥砂浆	1501008	—	m³	—	—	—
9	M40 水泥砂浆	1501010	—	m³	—	—	—
10	1：1 水泥砂浆	1501012	—	m³	—	—	—

续前页

序号	名　称	代号	规　格	单位	单位质量（kg）	场内运输及操作损耗(%)	基价（元）
11	1：2.5水泥砂浆	1501014	—	m³	—	—	—
12	水泥浆（32.5）	1501021	—	m³	—	—	—
13	水泥浆（42.5）	1501022	—	m³	—	—	—
14	细粒式沥青混凝土	1505007	—	m³	—	—	—
15	预制构件	1517001	—	m³	—	—	—
16	环氧砂浆	1526069	—	m³	—	—	—
17	环氧混凝土	1526070	—	m³	—	—	—
18	混合砂浆	1526072	—	m³	—	—	—
19	冷再生混合料	1526075	—	m³	—	—	—
20	铣刨料	1526076	—	t	—	—	—
21	沥青混合料	1526078	—	m³	—	—	—
22	沥青再生剂	1526079	—	t	—	—	12600
23	微表处混合料	1526080	—	m³	—	—	—
24	回收沥青路面材料	1526081	RAP	m³	—	—	—
25	再生混合料	1526082	—	m³	—	—	—
26	泡沫沥青	1526083	—	t	—	—	8500
27	0.5m以内管涵构件	1526084	—	m	—	—	—
28	0.75m以内管涵构件	1526085	—	m	—	—	—

续前页

序号	名 称	代号	规 格	单位	单位质量（kg）	场内运输及操作损耗（%）	基价（元）
29	1.00m 以内管涵构件	1526086	—	m	—	—	—
30	1.25m 以内管涵构件	1526087	—	m	—	—	—
31	1.5m 以内管涵构件	1526088	—	m	—	—	—
32	C10 水泥混凝土	1526089	—	m³			
33	C15 水泥混凝土	1526090	—	m³			
34	C20 水泥混凝土	1526091	—	m³			
35	C25 水泥混凝土	1526092	—	m³			
36	C30 水泥混凝土	1526093	—	m³			
37	C35 水泥混凝土	1526094	—	m³			
38	C40 水泥混凝土	1526095	—	m³			
39	C50 水泥混凝土	1526096	—	m³			

（三）金属及制品

40	HPB300 钢筋	2001001	—	t	1000	2.5	3938.8
41	HRB400 钢筋	2001002	—	t	1000	2.5	4163.94
42	钢纤维	2001020	扁丝切断型、钢丝切断型、高强铣削型、剪切波纹型、剪切压痕型	t	1000	2	5505
43	8~12号铁丝	2001021	镀锌铁丝	kg	1	2	8
44	20~22号铁丝	2001022	镀锌铁丝	kg	1	2	8
45	刺铁丝	2001023	—	kg	1	2	6.5

续前页

序号	名称	代号	规格	单位	单位质量（kg）	场内运输及操作损耗(%)	基价（元）
46	钢板网	2001025	网眼尺寸25mm×76mm	m²	1.845	2.5	21.1
47	格栅网	2001028	—	m²	—	—	11
48	钢绳网	2001029	—	m²	—	—	11
49	型钢	2003004	工字钢,角钢	t	1000	6	3750.14
50	钢板	2003005	A3,$\delta=5\sim40mm$	t	1000	6	3922.56
51	钢管	2003008	无缝钢管	t	1000	4	4957.08
52	镀锌钢板	2003012	$\delta=1,\delta=1.5,\delta=3$	t	1000	4	4950
53	钢管立柱	2003015	—	t	1000	—	4957.08
54	型钢立柱	2003016	镀锌(包括斜撑)	t	1000	—	4560
55	波形钢板	2003017	镀锌(包括端头板、撑架)	t	1000	—	4710
56	钢模板	2003025	各类定型大块钢模板	t	1000	—	4380
57	组合钢模板	2003026	—	t	1000	—	4550
58	铁皮	2003044	26号镀锌铁皮	m²	4.32	2	25.4
59	钢钎	2009002	$\phi=22\sim25,32$	kg	1	20	4.65
60	空心钢钎	2009003	优质碳素工具钢	kg	1	20	7.5
61	$\phi50mm$以内合金钻头	2009004	$\phi43$	个	1.1	—	25
62	$\phi150mm$以内合金钻头	2009005	—	个	4.82	—	75

续前页

序号	名称	代号	规格	单位	单位质量（kg）	场内运输及操作损耗(%)	基价（元）
63	电焊条	2009011	结422（502、506、507）3.2/4.0/5.0	kg	1	10	5
64	螺栓	2009013	混合规格	kg	1	2	13.09
65	镀锌螺栓	2009014	混合规格	kg	1	2	14.76
66	膨胀螺栓	2009015	混合规格	套	0.186	4	3
67	镀锌法兰	2009018	—	kg	1	—	14.73
68	铁件	2009028	铁件	kg	1	2	6
69	铁钉	2009030	混合规格	kg	1	2	6
70	20mm以内冲击钻头	2009048	—	个	—	—	9.5
71	30mm以内冲击钻头	2009049	—	个	—	—	25
72	40mm以内冲击钻头	2009050	—	个	—	—	40
73	立柱	2026002	—	根	7.1	4	50
74	铁板	2026017	—	t	—	—	3370
75	施工标志牌	2026018	1.2m×0.6m	块	—	—	238
76	绝缘电线	2026020	—	m	—	—	0.69
77	示警灯	2026022	—	只	—	—	430
78	压浆嘴	2026024	—	个	—	—	3
79	注浆嘴	2026025	—	个	—	—	4.5

续前页

序号	名 称	代号	规 格	单位	单位质量（kg）	场内运输及操作损耗(%)	基价（元）
80	注浆器	2026026	—	个	—	—	40
81	警告标志牌	2026027	—	块	—	—	80
82	禁令标志牌	2026028	—	块	—	—	160
83	可变信息标志牌	2026029	—	块	—	—	160
84	φ16纵横向支撑绳（镀锌）	2026032	—	m	—	—	12
85	φ8缝合绳	2026033	—	m	—	—	20
86	缆索钢丝绳	2026034	—	t	—	—	3000
87	镀锌钢管立柱	2026035	—	t	—	—	3000
88	镀锌托架	2026036	—	kg	—	—	4.53
89	体外预应力成品索	2026037	—	t	—	—	16000
90	15cm×10cm型反光帽	2026038	—	个	—	—	6.5
91	30cm×10cm型反光帽	2026039	—	个	—	—	7
（四）基础能源材料及制品							
92	石油沥青	3001001	—	t	1000	3	3880
93	改性沥青	3001002	SBS、SBR、SR复合	t	1000	3	5470.09
94	乳化沥青	3001005	阳离子类乳化沥青、阳离子类乳化改性沥青、阴离子类乳化改性沥青	t	1000	3	3333.33

续前页

序号	名称	代号	规格	单位	单位质量（kg）	场内运输及操作损耗（%）	基价（元）
95	改性乳化沥青	3001006	—	t	1000	3	3589.74
96	重油	3003001	—	kg	1	2	3.3
97	汽油	3003002	93号	kg	1	2	9.26
98	柴油	3003003	0号、-10号、-20号	kg	1	2	7.21
99	煤	3005001	—	t	1000	7	740.91
100	电	3005002	—	kW·h	—	—	0.36
101	水	3005004	—	m³	1000	—	4.38
(五) 种植材及制品							
102	原木	4003001	混合规格	m³	750	5	1836.38
103	锯材	4003002	中板 $\delta=19\sim35$，中方混合规格	m³	650	15	2025.94
104	木柴	4003007	—	kg	1	5	0.71
105	草皮	4013002	—	m²	100	10	6.82
106	土球直径30cm以内乔木	4026001	—	株	—	—	—
107	土球直径40cm以内乔木	4026002	—	株	—	—	—
108	土球直径50cm以内乔木	4026003	—	株	—	—	—
109	土球直径60cm以内乔木	4026004	—	株	—	—	—
110	土球直径70cm以内乔木	4026005	—	株	—	—	—

续前页

序号	名称	代号	规格	单位	单位质量(kg)	场内运输及操作损耗(%)	基价(元)
111	土球直径80cm以内乔木	4026006	—	株	—	—	—
112	土球直径100cm以内乔木	4026007	—	株	—	—	—
113	土球直径120cm以内乔木	4026008	—	株	—	—	—
114	土球直径120cm以上乔木	4026009	—	株	—	—	—
115	胸径4cm以内裸根乔木	4026010	—	株	—	—	—
116	胸径6cm以内裸根乔木	4026011	—	株	—	—	—
117	胸径8cm以内裸根乔木	4026012	—	株	—	—	—
118	胸径10cm以内裸根乔木	4026013	—	株	—	—	—
119	胸径12cm以内裸根乔木	4026014	—	株	—	—	—
120	胸径14cm以内裸根乔木	4026015	—	株	—	—	—
121	胸径16cm以内裸根乔木	4026016	—	株	—	—	—
122	胸径18cm以内裸根乔木	4026017	—	株	—	—	—
123	胸径20cm以内裸根乔木	4026018	—	株	—	—	—
124	胸径24cm以内裸根乔木	4026019	—	株	—	—	—
125	土球直径20cm以内灌木	4026020	—	株	—	—	—
126	土球直径30cm以内灌木	4026021	—	株	—	—	—

续前页

序号	名 称	代号	规 格	单位	单位质量（kg）	场内运输及操作损耗(%)	基价（元）
127	土球直径40cm以内灌木	4026022	—	株	—	—	—
128	土球直径50cm以内灌木	4026023	—	株	—	—	—
129	土球直径60cm以内灌木	4026024	—	株	—	—	—
130	土球直径70cm以内灌木	4026025	—	株	—	—	—
131	土球直径80cm以内灌木	4026026	—	株	—	—	—
132	土球直径100cm以内灌木	4026027	—	株	—	—	—
133	土球直径120cm以内灌木	4026028	—	株	—	—	—
134	土球直径140cm以内灌木	4026029	—	株	—	—	—
135	苗高100cm以内裸根灌木	4026030	—	株	—	—	—
136	苗高150cm以内裸根灌木	4026031	—	株	—	—	—
137	苗高200cm以内裸根灌木	4026032	—	株	—	—	—
138	苗高250cm以内裸根灌木	4026033	—	株	—	—	—
139	苗高40cm以内绿篱	4026034	—	株	—	—	—
140	苗高80cm以内绿篱	4026035	—	株	—	—	—
141	苗高120cm以内绿篱	4026036	—	株	—	—	—
142	苗高160cm以内绿篱	4026037	—	株	—	—	—
（六）化工原料及制品							
143	胶管	5001003	—	m	2	4	23.4

续前页

序号	名 称	代号	规 格	单位	单位质量（kg）	场内运输及操作损耗(%)	基价（元）
144	橡胶条	5001004	—	kg	1	2.5	8.92
145	塑料防水板	5001010	厚1.2mm	m²	2	6	18.92
146	灌缝胶	5001439	—	kg	1	—	35
147	注胶座	5001491	—	个	—	—	2
148	密封胶	5001767	—	kg	1	—	32
149	硝铵炸药	5005002	1号、2号岩石硝铵炸药	kg	1	1	13.9
150	导火线	5005003	—	m	—	—	0.85
151	普通雷管	5005006	—	个	—	—	1.51
152	土工布	5007001	4~5m宽	m²	0.28	2	3.51
153	油漆	5009002	—	kg	1	2	9.14
154	标线漆	5009003	常温型	kg	1	2	15.71
155	涂料	5009004	毛面涂料	kg	1	4	13.11
156	底油	5009007	—	kg	1	2	8.12
157	环氧树脂	5009009	E-42,E-44,E-51	kg	1	2	15.2
158	油毛毡	5009012	400g,0.915m×21.95m	m²	1.97	2	3.25
159	丙酮	5009023	—	kg	1	2	5.7
160	油漆溶剂油	5009027	—	kg	1	2	7.69

续前页

序号	名　称	代号	规　格	单位	单位质量（kg）	场内运输及操作损耗(%)	基价（元）
161	防锈漆	5009030	—	kg	1	2	10.81
162	碳纤维布	5009433	—	m²	—	2	155.7
163	底漆	5026005	—	kg	—	—	9.14
164	黄油	5026006	—	kg	—	—	5.63
165	热熔漆	5026008	热熔型	kg	—	2	12.5
166	玻璃钢轮廓标柱	5026010	—	根	—	—	130
167	固化剂	5026014	—	kg	1000	3	16.5
168	乙二胺硬化剂	5026016	—	kg	—	—	25
169	香蕉水	5026017	—	kg	—	—	4
170	环氧胶液	5026018	—	kg	—	—	0
171	环氧胶泥	5026019	—	m³	—	—	0
172	甲基丙烯酸甲酯浆液	5026020	—	kg	—	—	0
173	浸塑网	5026022	—	m²	—	—	32
174	乙二胺（EDA）	5026023	—	kg	—	—	24
175	二丁酯	5026024	—	kg	—	—	10
176	甲基丙烯酸甲酯	5026025	—	kg	—	—	15.5
177	敌百虫	5026028	—	kg	—	—	10

续前页

序号	名 称	代号	规 格	单位	单位质量（kg）	场内运输及操作损耗(%)	基价（元）
178	草绳	5026029	—	kg	—	—	2.9
179	乐果	5026031	—	kg	—	—	25
180	融雪剂	5026032	—	kg	—	—	0.65
181	沥青油剂	5026035	—	t	—	—	12000
182	锥筒	5026037	—	根	—	—	10
183	封钢锚固块缝结构胶	5026038	—	kg	—	—	135
184	灌注液体结构胶	5026039	—	kg	—	—	20
185	热熔振荡标线涂料	5026040	—	kg	—	—	4
186	弯道反光镜	5026041	—	套	—	—	200
187	盐	5026045	—	kg	—	—	0.3
188	石膏粉	5026046	—	kg	—	—	0.75
189	砂布	5026047	—	张	—	—	1.1
190	黏结材料	5026048	底胶、找平胶、黏结胶	kg	—	—	35
191	抗剥离剂	5026050	—	kg	—	—	375
192	磁喷嘴	5026051	—	个	—	—	175
（七）矿土料及制品							
193	土	5501002	路面用堆方	m³	1400	4	5

续前页

序号	名称	代号	规格	单位	单位质量（kg）	场内运输及操作损耗（%）	基价（元）
194	黏土	5501003	堆方	m³	1400	4	9.5
195	粉煤灰	5501009	堆方	m³	1000	3	216
196	熟石灰	5503003	堆方	t	1000	10	275
197	砂	5503004	路面用堆方	m³	1500	4	163.11
198	中（粗）砂	5503005	混凝土、砂浆用堆方	m³	1500	4	225.74
199	砂砾	5503007	堆方	m³	1700	2	158.26
200	矿粉	5503013	粒径<0.0074cm,质量比>70%	t	1000	3	300
201	石屑	5503014	粒径≤0.8cm 堆方	m³	1500	2	163.28
202	砾石(2cm)	5505001	最大粒径2cm 堆方	m³	1650	2	166.32
203	片石	5505005	码方	m³	1600	2	152.32
204	碎石(2cm)	5505012	最大粒径2cm 堆方	m³	1500	2	203.9
205	碎石(4cm)	5505013	最大粒径4cm 堆方	m³	1500	2	203.9
206	碎石(6cm)	5505014	最大粒径6cm 堆方	m³	1500	2	203.9
207	碎石(8cm)	5505015	最大粒径8cm 堆方	m³	1500	2	203.9
208	碎石	5505016	未筛分碎石统料堆方	m³	1500	2	203.9
209	路面用碎石(1.5cm)	5505017	最大粒径1.5cm 堆方	m³	1500	2	203.9
210	路面用碎石(2.5cm)	5505018	最大粒径2.5cm 堆方	m³	1500	2	203.9

续前页

序号	名称	代号	规格	单位	单位质量（kg）	场内运输及操作损耗（%）	基价（元）
211	路面用碎石(3.5cm)	5505019	最大粒径3.5cm堆方	m^3	1500	2	203.9
212	路面用碎石(5cm)	5505020	最大粒径5cm堆方	m^3	1500	2	203.9
213	块石	5505025	码方	m^3	1850	1.5	152.32
214	粗料石	5505029	实方	m^3	2600	1	54.29
215	马赛克	5507001	—	m^2	12	2	52.8
216	青(红)砖	5507003	240mm×115mm×53mm	千块	2600	1	474.16
217	32.5级水泥	5509001	—	t	1000	2	331.91
218	42.5级水泥	5509002	—	t	1000	2	392.26
219	白水泥	5509005	—	kg	1	2	0.79
220	石棉屑	5526003	—	kg	—	—	1
221	橡胶粉	5526004	—	kg	—	—	2
222	焦炭	5526005	—	kg	—	—	1.1
223	碎石(1cm)	5526006	—	m^3	—	—	203.9
224	路面用碎石(0.5cm)	5526007	—	m^3	—	—	203.9
225	细砂	5526008	—	m^3	—	—	163.11
(八)专用工程材料							
226	四氟板式橡胶组合支座	6001002	GJZF4系列、GYZF4系列	dm^3	3.2	—	110

续前页

序号	名 称	代号	规 格	单位	单位质量（kg）	场内运输及操作损耗(%)	基价（元）
227	板式橡胶支座	6001003	GJZ系列、GYZ系列	dm³	3.2	—	80
228	模数式伸缩装置80型	6003001	—	m	50	—	220
229	模数式伸缩装置160型	6003003	—	m	150	—	1299
230	模数式伸缩装置240型	6003004	—	m	240	—	2600
231	板式橡胶伸缩缝	6003010	混合规格	m	—	—	299.15
232	钢绞线群锚(3孔)	6005005	包括夹片、锚垫板和螺旋筋	套	6	1	61.54
233	钢板标志	6007001	包括板面、立柱、横梁、法兰盘、垫板及其他金属附件	t	1000	—	7000
234	铝合金标志	6007002	包括板面、立柱、横梁、法兰盘、垫板及其他金属附件	t	1000	—	16750
235	反光玻璃珠	6007003	JT/T 280—1995 1、2号(A类)	kg	1	2	8.75
236	反光膜	6007004	—	m²	—	10	35.22
237	玻璃钢防眩板	6007018	—	块	—	1	29.91
238	附设施工警示灯的护栏	6007022	—	块	—	—	196.58
239	锥形交通标志	6007023	—	个	—	—	51.28
240	灌浆嘴	6009011	—	个	—	2	2
241	成品井盖	6025678	—	块	—	—	473

续前页

序号	名 称	代号	规 格	单位	单位质量(kg)	场内运输及操作损耗(%)	基价(元)
242	照明灯具	7509001	混光路灯汞灯400,钠灯250	盏	—	1	396.58
243	通风设备	7526001	—	台	—	—	—
244	其他材料费	7801001	—	元	—	—	1
245	设备摊销费	7901001	—	元	—	—	1
246	材料总质量	7905001	—	t	—	—	—
247	小型机具使用费	8099001	—	元	—	—	1
248	基价	9999001	—	元	—	—	1

附录 B 养护工程机械台班费用定额表

序号	名称	代号	不变费用(元)	可变费用									费用小计(元)	台班基价(元)
				人工(工日)	汽油(kg)	柴油(kg)	重油(kg)	煤(kg)	电(kW·h)	水(m³)	木柴(kg)	养路费及车船使用税(元)		
1	75kW 以内履带式推土机	8001002	262.67	2	—	54.97	—	—	—	—	—	—	608.89	870.12
2	0.6m³ 以内履带式液压单斗挖掘机	8001025	341.26	2	—	37.45	—	—	—	—	—	—	482.57	822.39
3	1.0m³ 以内履带式液压单斗挖掘机	8001027	425.12	2	—	74.91	—	—	—	—	—	—	752.66	1176.34
4	2.0m³ 以内履带式液压单斗挖掘机	8001030	604.71	2	—	91.93	—	—	—	—	—	—	875.38	1478.65
5	1m³ 以内轮胎式装载机	8001045	114.16	1	—	49.03	—	—	—	—	—	—	459.79	573.23
6	2m³ 以内轮胎式装载机	8001047	188.38	1	—	92.86	—	—	—	—	—	—	775.8	963.46
7	3m³ 以内轮胎式装载机	8001049	286.79	1	—	115.15	—	—	—	—	—	—	936.51	1222.58
8	75kW 以内平地机	8001056	244.88	2	—	57.2	—	—	—	—	—	—	624.97	868.41

续前页

序号	名称	代号	不变费用（元）	可变费用									费用小计（元）	台班基价（元）
				人工（工日）	汽油（kg）	柴油（kg）	重油（kg）	煤（kg）	电（kW·h）	水（m³）	木柴（kg）	养路费及车船使用税（元）		
9	120kW 以内自行式平地机	8001058	365.13	2	—	82.13	—	—	—	—	—	—	804.72	1168.41
10	150kW 以内平地机	8001060	454.6	2	—	107.8	—	—	—	—	—	—	989.8	1442.96
11	21kW 以内手扶拖拉机	8001073	53.56	1	—	14.67	—	—	—	—	—	—	212.05	264.89
12	41kW 以内手扶拖拉机	8001074	102.17	1	—	29.33	—	—	—	—	—	—	317.75	419.20
13	6~8t 光轮压路机	8001078	111.89	1	—	19.2	—	—	—	—	—	—	244.71	355.88
14	8~10t 光轮压路机	8001079	117.6	1	—	23.2	—	—	—	—	—	—	273.55	390.43
15	12~15t 光轮压路机	8001081	183.21	1	—	40	—	—	—	—	—	—	394.68	577.17
16	0.6t 手扶式振动碾	8001085	34.52	1	—	3.2	—	—	—	—	—	—	129.35	163.15
17	10t 以内振动压路机	8001088	250.67	2	—	59.2	—	—	—	—	—	—	639.39	888.62
18	20t 以内振动压路机	8001090	468.26	2	—	105.6	—	—	—	—	—	—	973.94	1440.76
19	25kJ 冲击式压路机	8001093	848.73	2	—	289.61	—	—	—	—	—	—	2300.65	3147.94
20	200~620N·m 蛙式夯土机	8001095	15.14	—	—	—	—	—	17.34	—	—	—	14.91	30.05
21	手持式风动凿岩机	8001102	17.24	—	—	—	—	—	—	—	—	—	0.00	17.24
22	电动凿岩机	8001105	16.97	—	—	—	—	—	12.75	—	—	—	10.97	27.94
23	φ38~105mm 液压锚固钻机	8001115	46.22	1	—	—	—	—	85.01	—	—	—	179.39	224.89

续前页

序号	名称	代号	不变费用(元)	可变费用									费用小计(元)	台班基价(元)
				人工(工日)	汽油(kg)	柴油(kg)	重油(kg)	煤(kg)	电(kW·h)	水(m³)	木柴(kg)	养路费及车船使用税(元)		
24	风动锻钎机	8001128	38.47	2	—	—	—	—	—	—	—	—	212.56	249.59
25	液压锻钎机	8001129	54.28	2	—	—	—	—	85.01	—	—	—	285.67	338.51
26	235kW以内稳定土拌和机	8003005	702.47	2	—	147.72	—	—	—	—	—	—	1277.62	1978.65
27	4000L以内液态沥青运输车	8003031	318.16	1	—	—	—	—	—	—	—	106.28		423.72
28	4000L以内沥青洒布车	8003038	197.33	1	34.28	—	—	—	—	—	—	423.71		620.32
29	8000L以内沥青洒布车	8003040	360.29	1	—	49.37	—	—	—	—	—	462.24		821.81
30	30t/h以内沥青拌和设备	8003047	1010.53	3	—	—	897.6	—	624.02	—	—	—	3817.58	4825.95
31	120t/h以内沥青拌和设备	8003050	3437.15	3	—	—	5170.18	—	1618.42	—	—	—	18772.28	22207.27
32	240t/h以内沥青拌和设备	8003052	6012.39	3	—	—	10340.35	—	3895.09	—	—	—	37791.77	43802.00
33	4.5m以内带自动找平沥青混合料摊铺机	8003057	785.05	2	—	42.06	—	—	—	—	—	—	515.81	1299.42
34	12.5m以内带自动找平沥青混合料摊铺机	8003060	2468.03	3	—	136.23	—	—	—	—	—	—	1301.06	3766.93
35	12t以内双钢轮振动压路机	8003064	622.59	2	—	64	—	—	—	—	—	—	674	1295.15
36	15t以内双钢轮振动压路机	8003065	826.23	2	—	80.8	—	—	—	—	—	—	795.13	1619.92

— 281 —

续前页

序号	名称	代号	不变费用(元)	可变费用									费用小计(元)	台班基价(元)
				人工(工日)	汽油(kg)	柴油(kg)	重油(kg)	煤(kg)	电(kW·h)	水(m³)	木柴(kg)	养路费及车船使用税(元)		
37	16~20t 轮胎式压路机	8003067	343.78	1	—	42.4	—	—	—	—	—	—	411.98	755.04
38	20~25t 轮胎式压路机	8003068	472.48	1	—	50.4	—	—	—	—	—	—	469.66	941.42
39	热熔标线设备	8003070	204.62	2	45.33	—	—	—	—	—	—	—	632.32	835.50
40	2.2kW 以内手扶自行式路面画线车	8003071	42.81	1	3.24	—	—	—	—	—	—	—	136.28	178.37
41	车载式汽车式画线车	8003073	127.26	2	35.85	—	—	—	—	—	—	—	544.53	670.35
42	电动混凝土真空吸水机组	8003079	21.57	1	—	—	—	—	16.58	—	—	—	120.54	141.39
43	电动混凝土刻纹机	8003083	126.31	1	—	—	—	—	37.89	—	—	—	138.87	264.46
44	电动混凝土切缝机	8003085	87.89	1	—	—	—	—	18.95	—	—	—	122.58	209.75
45	沥青灌缝机	8003091	30.51	1	—	9.81	—	—	—	—	—	—	177.01	206.80
46	500mm 以内路面铣刨机	8003092	428.78	1	—	28.91	—	—	—	—	—	—	314.72	742.78
47	1000mm 以内路面铣刨机	8003093	547.53	2	—	72.29	—	—	—	—	—	—	733.77	1279.86
48	2000mm 以内路面铣刨机	8003094	2784.96	2	—	190.46	—	—	—	—	—	—	1585.78	4369.30
49	同步碎石封层车	8003095	1705.63	2	—	130.4	—	—	—	—	—	—	1152.74	2856.93
50	450kW 冷再生机	8003100	9814.42	2	—	307.21	—	—	—	—	—	—	2427.54	12240.52

续前页

序号	名称	代号	不变费用(元)	可变费用									费用小计(元)	台班单价(元)
				人工(工日)	汽油(kg)	柴油(kg)	重油(kg)	煤(kg)	电(kW·h)	水(m^3)	木柴(kg)	养路费及车船使用税(元)		
51	道路养护车	8003105	318.78	1	—	45.94	—	—	—	—	—	—	437.51	755.57
52	250L以内强制式混凝土搅拌机	8005002	25.51	1	—	—	—	—	54.2	—	—	—	152.89	177.68
53	350L以内强制式混凝土搅拌机	8005003	33.36	1	—	—	—	—	90.33	—	—	—	183.96	216.60
54	500L以内强制式混凝土搅拌机	8005004	60.92	1	—	—	—	—	120.43	—	—	—	209.85	270.05
55	750L以内强制式混凝土搅拌机	8005005	85.8	1	—	—	—	—	180.65	—	—	—	261.64	346.72
56	200L以内灰浆搅拌机	8005009	8.97	1	—	—	—	—	17.2	—	—	—	121.07	129.32
57	400L以内灰浆搅拌机	8005010	13.23	1	—	—	—	—	21.51	—	—	—	124.78	137.29
58	混凝土喷射机	8005011	69.05	2	—	—	—	—	43.01	—	—	—	249.55	317.16
59	水泥喷枪	8005017	19.12	1	—	—	—	—	6.02	—	—	—	111.46	129.86
60	风动灌浆机	8005018	12.03	1	—	—	—	—	—	—	—	—	106.28	117.59
61	60m^3/h以内混凝土输送泵车	8005039	736.71	1	—	76	—	—	—	—	—	—	654.24	1390.23

续前页

序号	名称	代号	不变费用(元)	可变费用									费用小计(元)	台班基价(元)
				人工(工日)	汽油(kg)	柴油(kg)	重油(kg)	煤(kg)	电(kW·h)	水(m³)	木柴(kg)	养路费及车船使用税(元)		
62	油泵、千斤顶各1 钢绞线拉伸设备	8005078	116.07	—	—	—	—	—	19.36	—	—	—	16.65	132.72
63	生产率50L/min 压浆机(含拌浆机)	8005083	16.98	1	—	—	—	—	25.81	—	—	—	128.48	144.74
64	2t 以内载货汽车	8007001	68.87	1	20.14	—	—	—	—	—	—	—	292.78	360.93
65	3t 以内载货汽车	8007002	77.74	1	26.12	—	—	—	—	—	—	—	348.15	425.17
66	4t 以内载货汽车	8007003	79.56	1	34.29	—	—	—	—	—	—	—	423.81	502.65
67	5t 以内载货汽车	8007004	82.89	1	43.54	—	—	—	—	—	—	—	509.46	591.63
68	6t 以内载货汽车	8007005	94.22	1	—	39.24	—	—	—	—	—	—	389.2	482.70
69	10t 以内载货汽车	8007007	187.31	1	—	50.29	—	—	—	—	—	—	468.87	655.46
70	3t 以内自卸汽车	8007011	93.43	1	34.12	—	—	—	—	—	—	—	422.23	514.94
71	5t 以内自卸汽车	8007012	120.53	1	41.91	—	—	—	—	—	—	—	494.37	614.18
72	6t 以内自卸汽车	8007013	142.15	1	—	44	—	—	—	—	—	—	423.52	564.95
73	8t 以内自卸汽车	8007014	205.99	1	—	49.45	—	—	—	—	—	—	462.81	668.08
74	10t 以内自卸汽车	8007015	241.33	1	—	55.32	—	—	—	—	—	—	505.14	745.75

续前页

序号	名称	代号	不变费用(元)	可变费用									费用小计(元)	台班基价(元)
				人工(工日)	汽油(kg)	柴油(kg)	重油(kg)	煤(kg)	电(kW·h)	水(m³)	木柴(kg)	养路费及车船使用税(元)		
75	15t 以内自卸汽车	8007017	315.4	1	—	67.89	—	—	—	—	—	—	595.77	910.45
76	30t 以内平板拖车组	8007025	595.57	2	—	50.4	—	—	—	—	—	—	575.94	1170.07
77	4000L 以内洒水汽车	8007040	274.37	1	29.71	—	—	—	—	—	—	—	381.39	655.04
78	6000L 以内洒水汽车	8007041	307.39	1	34.29	—	—	—	—	—	—	—	423.81	730.48
79	8000L 以内洒水汽车	8007042	446.92	1	—	47.2	—	—	—	—	—	—	446.59	892.79
80	10000L 以内洒水汽车	8007043	605.76	1	—	52.8	—	—	—	—	—	—	486.97	1092.01
81	1.0t 以内机动翻斗车	8007046	39.48	1	—	9	—	—	—	—	—	—	171.17	209.93
82	1.5t 以内机动翻斗车	8007047	40.75	1	—	12	—	—	—	—	—	—	192.8	232.83
83	客货两用车	8007127	54.36	1	16	—	—	—	—	—	—	—	254.44	308.08
84	5t 以内汽车式起重机	8009025	211.28	2	25.74	—	—	—	—	—	—	—	450.91	660.75
85	12t 以内汽车式起重机	8009027	408.05	2	—	30.59	—	—	—	—	—	—	433.11	839.72
86	20t 以内汽车式起重机	8009029	709.36	2	—	38.55	—	—	—	—	—	—	490.51	1198.43
87	10m 以内高空作业车	8009046	146.95	2	—	20.95	—	—	—	—	—	—	363.61	509.12
88	30kN 以内单筒慢动电动卷扬机	8009080	16.78	1	—	—	—	—	36.43	—	—	—	137.61	153.67

续前页

序号	名称	代号	不变费用(元)	可变费用									台班基价(元)
				人工(工日)	汽油(kg)	柴油(kg)	重油(kg)	煤(kg)	电(kW·h)	水(m³)	木柴(kg)	养路费及车船使用税(元)	费用小计(元)	
89	100t 以内液压千斤顶	8009150	4.9	—	—	—	—	—	—	—	—	—	0	4.90
90	200t 以内液压千斤顶	8009151	6.6	—	—	—	—	—	—	—	—	—	0	6.60
91	φ1125mm 以内潜水钻机	8011041	232.82	2	—	—	—	—	458.64	—	—	—	606.99	838.37
92	高压注浆泵	8011074	95.71	1	—	—	—	—	49.14	—	—	—	148.54	243.53
93	100L 以内低速搅拌器	8011080	8.14	1	—	—	—	—	14	—	—	—	118.32	125.74
94	3kW 以内电动手持冲击钻	8011086	8.01	1	—	—	—	—	18	—	—	—	121.76	129.05
95	φ50mm 以内电动单级离心式清水泵	8013001	4.82	—	—	—	—	—	39.67	—	—	—	34.12	38.94
96	φ100mm 以内电动单级离心式清水泵	8013002	12.65	—	—	—	—	—	54.55	—	—	—	46.91	59.56
97	φ100mm 以内机动单级离心式清水泵	8013007	12.3	—	—	14.4	—	—	—	—	—	—	103.82	116.12
98	φ65mm 以内砂泵	8013025	12.77	—	—	—	—	—	109.1	—	—	—	93.83	106.60
99	40mm 以内钢筋切断机	8015002	14.21	—	—	—	—	—	29.9	—	—	—	25.71	39.92
100	32kV·A 交流电弧焊机	8015028	5.17	1	—	—	—	—	85.62	—	—	—	179.91	184.36

续前页

序号	名称	代号	不变费用(元)	可变费用									费用小计(元)	台班基价(元)
				人工(工日)	汽油(kg)	柴油(kg)	重油(kg)	煤(kg)	电(kW·h)	水(m³)	木柴(kg)	养路费及车船使用税(元)		
101	42kV·A 交流电弧焊机	8015029	5.42	1	—	—	—	—	136.61	—	—	—	223.76	228.46
102	φ150mm×250mm 电动颚式破碎机	8015060	28.56	1	—	—	—	—	—	—	—	—	106.28	134.12
103	生产率 8~20m³/h 滚筒式筛分机	8015081	112.78	1	—	—	—	—	12.98	—	—	—	117.44	229.50
104	3kW 以内磨石机	8015126	21.93	—	—	1.2	—	—	—	—	—	—	8.65	30.58
105	15kW 以内柴油发电机组	8017002	33.69	—	—	16	—	—	—	—	—	—	115.36	149.05
106	50kW 以内柴油发电机组	8017004	98.86	—	—	62.93	—	—	—	—	—	—	453.73	552.59
107	0.3m³/min 以内电动空气压缩机	8017039	16.75	—	—	—	—	—	14.6	—	—	—	12.56	29.31
108	1m³/min 以内电动空气压缩机	8017041	26.03	—	—	—	—	—	38.95	—	—	—	33.5	59.53
109	3m³/min 以内电动空气压缩机	8017042	95.07	—	—	—	—	—	107.1	—	—	—	92.11	187.18
110	10m³/min 以内电动空气压缩机	8017044	116.61	—	—	—	—	—	346.87	—	—	—	298.31	414.92

续前页

序号	名称	代号	不变费用(元)	可变费用									台班基价(元)
				人工(工日)	汽油(kg)	柴油(kg)	重油(kg)	煤(kg)	电(kW·h)	水(m³)	木柴(kg)	养路费及车船使用税(元)	费用小计(元)	
111	3m³/min以内机动空气压缩机	8017047	118.94	—	—	24	—	—	—	—	—	—	173.04	291.98
112	9m³/min以内机动空气压缩机	8017049	270.17	—	—	60.34	—	—	—	—	—	—	435.05	705.22
113	12m³/min以内机动空气压缩机	8017050	289.12	—	—	70.63	—	—	—	—	—	—	509.24	798.36
114	17m³/min以内机动空气压缩机	8017051	295.36	—	—	96	—	—	—	—	—	—	692.16	987.52
115	1t/h以内工业锅炉	8017054	333.16	—	—	—	—	1	49.98	7	16	—	829.41	1162.57
116	4m³/min以内吹风机	8023014	11.23	—	—	—	—	—	69.07	—	—	—	59.4	70.63
117	8m³/min以内鼓风机	8023015	6.55	—	—	—	—	—	85.01	—	—	—	73.11	79.66
118	喷砂除锈机	8023017	92.42	1	—	—	—	—	42.6	—	—	—	142.92	234.62
119	生产率1200m²/h液压无气喷涂机	8023018	134.63	1	—	—	—	—	23.68	—	—	—	126.64	260.55
120	管道疏通机	8025012	65.39	1	—	20.08	—	—	—	—	—	—	251.06	315.73

续前页

序号	名称	代号	不变费用(元)	可变费用									费用小计(元)	台班基价(元)
				人工(工日)	汽油(kg)	柴油(kg)	重油(kg)	煤(kg)	电(kW·h)	水(m³)	木柴(kg)	养路费及车船使用税(元)		
121	1t以内振动压路机	8026002	28.52	1	—	4	—	—	—	—	—	—	135.12	162.92
122	路面清扫车(清扫宽度2~3m)	8026003	518.58	1	—	60.34	—	—	—	—	—	—	541.33	1059.19
123	电焊机(500A)	8026004	—	1	—	—	—	—	172	—	—	—	254.2	259.90
124	5.5kW混凝土磨光机	8026005	100.12	—	—	—	—	—	54.25	—	—	—	46.66	145.78
125	保温车	8026006	1288.35	2	—	90.2	—	—	203	—	—	—	1037.48	2324.39
126	混凝土破碎机	8026007	47.92	1	—	8.2	—	—	—	—	—	—	165.4	212.60
127	国产清扫车	8026010	123	1	—	12.1	—	—	—	—	—	—	193.52	315.80
128	气割设备	8026017	10	1	—	—	—	—	—	—	—	—	106.28	115.56
129	打(割)草机	8026021	17.09	1	—	—	—	—	45.72	—	—	—	145.6	161.97
130	电锤	8026023	5.2	1	—	—	—	—	12	—	—	—	116.6	121.08
131	路面开槽机	8026030	96.43	1	—	10	—	—	—	—	—	—	178.38	274.09
132	超薄磨耗层摊铺机	8026031	7754.2	3	—	151.05	—	—	—	—	—	—	1407.91	9159.95
133	2m以内路面精细铣刨机(进口)	8026032	4345.4	1	—	241.81	—	—	—	—	—	—	1849.73	6194.41

续前页

序号	名称	代号	不变费用(元)	可变费用									费用小计(元)	台班基价(元)
				人工(工日)	汽油(kg)	柴油(kg)	重油(kg)	煤(kg)	电(kW·h)	水(m³)	木柴(kg)	养路费及车船使用税(元)		
134	强力清扫机	8026033	177.56	1	—	16.66	—	—	—	—	—	—	226.4	403.24
135	便携式吹风机	8026034	3.35	1	5	—	—	—	—	—	—	—	152.58	155.21
136	30t/h 以内配料拌和机	8026036	132.53	1	—	113.43	—	—	—	—	—	—	924.11	1055.92
137	微表处摊铺车	8026037	3149.85	2	—	113.98	—	—	—	—	—	—	1034.36	4182.77
138	75~150mm 工程勘察锚杆钻机	8026043	27.69	—	—	—	—	—	15	—	—	—	12.9	40.59
139	沥青混凝土路面修补车	8026045	1565.6	2	3.7	111.4	—	—	100	—	—	—	1136.02	2700.18
140	1t 以内巡查汽车	8026046	134.5	1	22.34	—	—	—	—	—	—	—	313.15	446.93
141	12~20m 桥梁检测车	8026047	2040.69	2	43.2	52.5	—	—	—	—	—	—	991.12	3030.37
142	3m 移动式标志车	8026048	321.6	2	23.42	—	—	—	—	—	—	—	429.43	749.59
143	移动式标志车	8026049	289.5	1	31.28	—	—	—	—	—	—	—	395.93	684.71
144	桥梁同步顶升总控设备	8026050	498.85	1	—	—	16	—	—	—	—	—	159.08	657.21
145	多功能热熔画线机	8026051	59.83	1	4.99	—	—	—	—	—	—	—	152.49	211.60
146	生产能力 320t/h 以内沥青热再生厂拌设备	8026055	2379.2	4	—	5040	—	—	1600	—	—	—	38139.52	40515.84

续前页

序号	名称	代号	不变费用（元）	可变费用									费用小计（元）	台班基价（元）
				人工（工日）	汽油（kg）	柴油（kg）	重油（kg）	煤（kg）	电（kW·h）	水（m³）	木柴（kg）	养路费及车船使用税（元）		
147	热再生机 HM7	8026056	6608.98	2.5	—	24.22	—	—	3330.86	—	—		3304.87	9912.05
148	热再生机 HM16	8026057	7272.76	2.5	—	85.37	—	—	4658	—	—		4887.1	12258.06
149	复拌热再生机	8026058	18721.65	2.5	—	113.46	—	—	4405.2	—	—		4872.22	23592.07
150	复拌提升机	8026059	21825.81	2.5	—	128.72	—	—	5435.2	—	—		5868.04	27692.05
151	多锤头破碎机（RHMA288）	8026068	7194.2	2	—	257.66	—	—	—	62	—		2372.85	9565.61
152	Z 型压路机（YZ18J）	8026121	584.21	2	—	68.71	—	—	—	16	—		786.04	1368.81

附录C 普通公路日常养护工程作业内容表

路基	日常保养：(1)整理路肩、边坡，修剪路肩，分隔带草木，清除杂物，保持路容整洁。 (2)疏通边沟，保持排水系统畅通。 (3)清除挡土墙、湖泊滋生的有碍设施功能发挥的杂草，修路伸缩缝、疏通泄水孔及处治松动石块。 (4)路缘带的修理。 小　　修：(1)小段开挖边沟、截水沟或分期铺筑砌边沟。 (2)清除零星坍方，填补路基缺口，轻微沉陷翻浆的处理。 (3)桥头接线或桥头、涵顶跳车的处理。 (4)修理挡土墙、护坡、护坡道、泄水槽、护栏和防冰雪设施等局部损坏。 (5)局部加固路肩
路面	日常保养：(1)清除路面泥土、杂物，保持路容整洁。 (2)排除路面积水、积雪、积冰、积砂，铺防滑料、灭尘剂或压实积雪维持交通。 (3)砂土路面刮平，修理车辙。 (4)碎砾石路面匀、扫面砂、添加面砂、洒水润湿、刮平波浪、修补磨耗层。 (5)处理沥青路面的泛油、拥包、裂缝、松散等病害。 (6)水泥混凝土路面清缝、灌缝及堵塞裂缝。 (7)路缘石的修理和刷白。 小　　修：(1)局部处理砂石路的翻浆变形、添加稳定料。 (2)碎砾石路面修补坑槽、沉降，整段修理磨耗层或扫浆铺砂。 (3)桥头、涵顶跳车的处理。 (4)沥青路面修补坑槽、沉陷、处理波浪、局部龟裂、啃边等病害。 (5)水泥混凝土路面板块的局部修理

续前页

桥梁涵洞隧道	日常保养:	(1)清除污泥、积雪、杂物,保持桥面的清洁。 (2)疏通涵管,疏导桥下河槽。 (3)伸缩缝养护,泄水孔疏通,钢支座加润滑油,栏杆油漆。 (4)桥涵的日常养护。 (5)保持隧道内及洞口清洁。
	小　修:	(1)局部修理、更换桥栏杆和修理泄水孔、伸缩缝、支座和桥面的局部轻微损坏。 (2)修补墩、台及河床铺底和防护圬工的微小损坏。 (3)涵洞进出口铺筑的加固清理。 (4)通道的局部维修和疏通修理排水沟。 (5)清除隧道洞口碎落岩石和修理圬工接缝,处理渗漏水
沿线设施	日常保养:	标志牌、里程碑、百米桩、界碑、轮廓标等埋置、维护或定期清洗。
	小　修:	(1)护栏、隔离栅、轮廓标、标志牌、里程碑、百米桩、防雪栏栅等修理、油漆全部或部分添置更换。 (2)路面标线的局部补画
绿化	日常保养:	(1)行道树、花草的抚育、抹芽、修剪、治虫、施肥。 (2)苗圃内幼苗的抚育、灭虫、施肥、除草。
	小　修:	(1)行道树、花草缺株的补植。 (2)行道树冬季刷白